JOACHIM MAYER
FRANZ-XAVER TREML

Biodünger

JOACHIM MAYER
FRANZ-XAVER TREML

Bio dünger

PFLANZEN NATÜRLICH
PFLEGEN UND STÄRKEN

MIT KOSMOS MEHR ENTDECKEN

50 *Rezepte*
für gesunde
Pflanzen

SEIT 1822

KOSMOS

☞ Inhalt

WIE PFLANZEN
— *gut wachsen*

Der Raritätengärtner und bekannte Kräuterexperte Franz-Xaver Treml berichtet aus seiner
langjährigen Praxiserfahrung was Pflanzen
brauchen, damit sie gut wachsen können.

*In meiner Gärtnerei wachsen über 3000 Pflanzen, oft seltene
Arten und Sorten, deren Ansprüche es gilt zu bedienen.*

*Wie stellt man nach Ihrer Erfahrung sicher,
dass Gartenpflanzen die optimalen Vorausset-
zungen für ein gesundes Pflanzenwachstum
bekommen?*

Meine Erfahrung als Gärtner beruht im-
mer auf der Beobachtung: „Was brauchen
Pflanzen"? Wichtig ist die Zusammensetzung
der verschiedenen Pflanzenfamilien auf einem
Beet, die Beschaffenheit des Bodens und sein
Säuregrad.

*Gibt es eine goldene, grundlegende Regel,
was die Zusammensetzung der verschiedenen
Pflanzenfamilien betrifft?*

Man sollte Mitglieder einer Pflanzenfamilie nicht nacheinander auf das gleiche Beet setzen, denn das kann oft dazu führen, dass sich
Krankheiten und Schädlinge besser an die ge-
meinsamen Bedingungen anpassen können.

*Sie haben über die Beschaffenheit des Bo-
dens geredet. Was würden Sie als den idealen
Gartenboden bezeichnen?*

Der ideale Gartenboden ist ein humoser
Lehmboden, hier gedeihen fast alle Kulturen.

Hülsenfrüchtler (hier Bohnen) können Stickstoff sammeln.

Heidelbeeren brauchen sauren Boden.

Natürlich gibt es auch Ausnahmen wie die Heidelbeeren, die einen sauren Boden verlangen sowie Spargel der einen durchlässigeren beansprucht.

Bei einem guten Gartenboden geht es grundsätzlich immer um den Gehalt an Luft und Wasser und vor allem um die Fähigkeit, diese austauschen zu können. Bei Böden mit stauender Nässe müssen wir das Beet durcharbeiten und eventuell Sand und Kies hinzufügen. Jedoch sind unsere Pflanzen grundsätzlich mit einem humosen Lehmboden, der voll mit Leben ist, gut bedient.

> *„Die geheimsten und schönsten Dinge sagt man sich unter vier Augen, Halt jetzt Zwiesprache mit deinen Pflanzen."*
> ALTE WEISHEIT

Was meinen Sie mit „voll mit Leben"?

Im Boden müssen viele Bodenorganismen, von mikroskopisch kleinen Bakterien, Pilzen und Algen bis hin zu den Kleintieren, wie Regenwürmern, leben. Diese unzähligen Arten von mikroorganismischen und tierischen Lebewesen bestimmen seine Fruchtbarkeit. Je mehr von ihnen im Boden vertreten sind, aber auch je zahlreicher jede einzelne Art vertreten ist, umso fruchtbarer ist der Boden.

Manche Kulturen wie Heidelbeeren wachsen ja gerne in einem sauren Boden. Wie stelle ich das bei dem eigenen Gartenboden fest?

Experten haben ein Maßsystem entwickelt, mit dessen Hilfe sie den Säuregrad, den sogenannten pH-Wert des Bodens, messen. Zwischen den Extremwerten von pH 0 = reine Salzsäure und pH 14 = reine Natronlauge liegt etwa in der Mitte unser pH Wert 7, wo sich Pflanzen wohlfühlen. Bei pH 6–pH 7 gedeihen Pflanzen am besten. Ist der pH-Wert zu hoch, funktioniert die Aufnahme von Nährstoffen nicht richtig.

GESUNDES PFLANZENWACHSTUM

— Düngen mit der Natur

PFLANZEN VERSORGEN, STÄRKEN, SCHÜTZEN

Gesundheit beginnt bei der richtigen Ernährung: Das gilt für Pflanzen ebenso wie für Menschen. Eine ausgewogene Nährstoffversorgung macht die Pflanzen widerstandsfähiger und fördert Blütenfülle, ansprechendes Grün und reiche, schmackhafte Ernten.

Der Begriff „Pflanzenernährung" kommt aus der Fachsprache und bringt die Sache anschaulich auf den Punkt. Menschen, die auf gute Ernährung achten, halten sich mit Fetten und Kohlenhydraten zurück. Stattdessen haben gesundheitsfördernde Ballast-, Mineralstoffe und Vitamine einen hohen Stellenwert. Ähnlich verhält es sich bei der Pflanzenernährung: Biodünger „mästen" die Pflanzen nicht im Übermaß und enthalten oft wertvolle Spurenelemente. Außerdem fördern viele Biodünger die Bodenfruchtbarkeit.

NATURGEMÄSSER NACHSCHUB

Pflanzen im Naturwald oder in Wildwiesen brauchen keine Düngung. Hier genügen abgeworfene Blätter, über den Winter absterbende Pflanzenteile und andere organische Reste: Diese werden von den Bodenlebewesen in Humus umgewandelt, die darin enthaltenen Nährstoffe schließlich wieder für die Wurzeln aufgeschlossen.

Das trägt auch in einem belebten Gartenboden zu einer guten Grundversorgung bei. Allerdings entziehen wir dem Boden hier regelmäßig größere Mengen an Nährstoffen: durch Ernten, Gehölz- und Rasenschnitt, Abräumen von Beeten und Jäten von Wild-

kräutern. Und schließlich sollen die Pflanzen ja auch etwas üppiger gedeihen als in einem natürlichen Ökosystem. Deshalb wird Nachschub durch geeignete Dünger nötig.

BIO-, MINERAL- UND KUNSTDÜNGER

Wer biologisch düngen will, kann ganz auf Kompost und Dünger aus Pflanzenstoffen setzen. Allerdings mangelt es dann manchmal an bestimmten Nährstoffen, die sich am bes-

Checkliste
DÜNGERARTEN

- ☐ Biodünger: Kompost, Gründüngerpflanzen, Mulch, Pflanzenauszüge, Reststoffe aus der Lebensmittelherstellung
- ☐ Mineraldünger: Naturprodukte aus Gesteinen, deren Rohstoffe im Bergbau gewonnen werden
- ☐ Kunstdünger: chemisch aufgeschlossene Mineraldünger und synthetische Stickstoffdünger für schnellere Wirkung

Organische und Naturdünger sind meist die beste Wahl.

ten mit Mineraldüngern ergänzen lassen. Das ist kein Verstoß gegen biologische Grundsätze: Auch im professionellen Bioanbau sind Mineraldünger zugelassen. Denn Nährstoffe wie Kalium und Magnesium kommen in größeren Mengen nur in Gesteinen, also mineralisch vor. Entsprechend werden die Rohstoffe überwiegend im Bergbau gewonnen. Nur zerkleinert und vermahlen, sind es reine Naturprodukte, die als Dünger recht langsam, aber nachhaltig wirken.

Werden die Mineralien dagegen für eine schnellere Wirkung chemisch aufgeschlossen, stuft man sie als „Kunstdünger" ein. Ein Sonderfall ist der Stickstoff, der in der Natur hauptsächlich in organischen Verbindungen vorkommt – und in der Luft. Für Kunstdünger wird aus dem Luftstickstoff in einem aufwendigen Verfahren Ammoniak gewonnen und zu Nitrat- oder Ammoniumdünger verarbeitet. Das geschieht in großen Industrieanlagen und hat einen gravierenden Nachteil: nämlich einen gewaltigen Energieverbrauch.

VOR- UND NACHTEILE VON KUNSTDÜNGERN

Auch als Biogärtner kann man anerkennen, dass Kunstdünger ihre Vorzüge und Verdienste haben. Als ab dem 19. Jahrhundert das Bevölkerungswachstum stark anstieg, kam es immer öfter zu Hungersnöten. Da war die

Einführung synthetischer, schnell wirksamer Mineraldünger zunächst ein wahrer Segen. 1927 kam der erste „richtige" Volldünger (Mehrnährstoffdünger) auf den Markt: Nitrophoska, auch bekannt als Blaukorn. Solche Dünger sowie neue Pflanzensorten und Spritzmittel führten zu deutlich höheren Ernten. In den 1960er Jahren schleppten dann auch Hobbygärtner säckeweise ihr Blaukorn nach Hause und wetteiferten um die größten Kohlköpfe und den grünsten Rasen.

Doch mit der Zeit zeigten die „Superdünger" ihre Schattenseiten: so die zunehmende Nitratbelastung von Gemüse und Trinkwasser und das Anreichern von abgeschwemmten Phosphaten in Seen. In vielen Gärten führte der übertriebene Gebrauch solcher Volldünger dazu, dass sich Phosphor, Kalium und Magnesium übermäßig im Boden ansammelten – was die Aufnahme anderer wichtiger Nährstoffe blockiert. Weil die schnell wirkenden Dünger das Bodenleben kaum unterstützen, wird wenig Humus gebildet. Zugleich reduzieren sich die nützlichen Lebewesen, die wichtige Gegenspieler von Schaderregern im Boden sind. Und über der Erde sind kräftig mit Stickstoff gemästete Pflanzen ein Leckerbissen für Plagegeister. Entsprechend wurden immer mehr chemische Pflanzenschutzmittel eingesetzt – mit teils katastrophalen Folgen für die Umwelt, die Natur und die menschliche Gesundheit.

FRUCHTBARER BODEN

Biolandwirte und -gärtner erklärten stattdessen einen fruchtbaren, humosen Boden zur wichtigsten Grundlage, entwickelten naturnahe Düngeverfahren und verzichteten auf chemische Pflanzenschutzmittel. Anfangs noch belächelt wird mittlerweile einiges davon auch im konventionellen Anbau praktiziert. Und Hobbygärtner, die nicht unbedingt Höchsterträge erzielen müssen, erfreuen sich mit „Biomethoden" guter Erfolge, guter Gesundheit und schützen zugleich ihre grüne Umwelt.

FLEISSIGES BODENGEWIMMEL

Nüchtern betrachtet, brauchen Pflanzen nicht unbedingt den Boden oder Erde, um darin zu wurzeln. Im Profi-Gartenbau wird Gemüse teils sogar in Steinwollblöcken gezogen; denn in den überstrapazierten Gewächshausböden machen sich leicht Schadpilze breit. Die Pflanzen werden dann mit Nährlösungen versorgt – ähnlich wie bei einer Ernährung mit Astronautenkost.

Beim Bioanbau setzt man genau auf das Gegenteil: auf einen belebten Boden. Darin sorgen unzählige Mikroorganismen und Kleintiere dafür, dass Pflanzenreste in wertvollen Humus umgewandelt werden, und machen darin enthaltene Nährstoffe wieder für die Wurzeln verfügbar. Und je vielfältiger das Bodenleben, desto weniger droht die Gefahr, dass Schadorganismen überhandnehmen.

EIN BLICK IN DIE KRUME

Wer seinen Gartenboden tief aufgräbt, legt zunächst den Unterboden frei: eine hellgraue bis hellbraune Schicht, die hauptsächlich aus Stein-, Sand- oder Tonkörnchen besteht. Gräbt man noch tiefer, stößt man auf den Untergrund aus festem Gestein – oder auch auf Reste von Bauschutt, die beim Hausbau eingegraben wurden. Natürlich entstandene Böden haben sich aus dem Untergrund entwickelt und sind durch seine Eigenschaften (z. B. den Kalkgehalt) geprägt. Das gilt auch für den Unterboden, dessen Beschaffenheit für Tiefwurzler wie Eibe, Rose und Lupine besonders wichtig ist.

Entscheidend ist aber der durch Humus dunkel gefärbte Oberboden, die sogenannte Krume, im Schnitt 20–30 cm stark. In vielen Gärten besteht die Krume zunächst aus zugekauftem, aufgeschüttetem Mutterboden. Aber egal, ob aufgetragen oder natürlich gewachsen: Die eigentliche Arbeit übernehmen die nützlichen Bodenlebewesen. Werden sie und die Böden gut „gepflegt", kann die Krume mit der Zeit über 50 cm tief reichen. Die mineralischen Bodenteilchen, genauer: die Anteile von kleinen und groben Körnern, bestimmen die Bodenart (siehe S. 12). Der Humus ist viel leichter und hat deshalb meist nur einen Gewichtsanteil von 2–5 %. Doch das reicht vollkommen aus, um den Oberboden feinkrümelig und fruchtbar zu machen. Bodenkundler haben es genau ermittelt: In einer Handvoll guten, humusreichen Bodens kommen tatsächlich Milliarden von Lebewesen vor. Die meisten sieht man allerdings nicht mit dem Auge oder einem einfachen Mikroskop, weil sie so winzig sind.

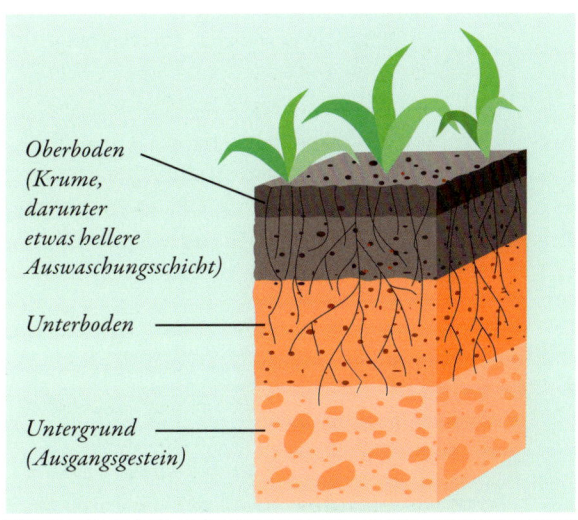

Oberboden
(Krume,
darunter
etwas hellere
Auswaschungsschicht)

Unterboden

Untergrund
(Ausgangsgestein)

Die Schichten (Bodenhorizonte) in einem Gartenboden.

Die humose, belebte Krume kann 50 cm tief reichen.

DIE BODENTIERE

„Gute Bekannte" eines jeden Gärtners sind die Regenwürmer. Aber auch kaum sichtbare Einzeller, Pantoffel- und Rädertierchen tummeln sich zahlreich im Boden, ebenso z. B. Milben, Springschwänze und Asseln. Sie leben überwiegend von abgestorbenen organischen Stoffen, räumen dabei im Boden auf und zerkleinern Reste, sodass die Mikroorganismen schließlich Humus bilden können. Doppelfüßer zersetzen Laub und Holzteile, Regenwürmer durchpflügen den Boden und

 Checkliste

DIE HAUPTBODENARTEN

- ☐ Sand: überwiegend große Körner. Gut durchlüftet und durchwurzelbar, leicht zu bearbeiten; schnelle Erwärmung und Abkühlung; schlechte Wasser- und Nährstoffspeicherung.
- ☐ Schluff: überwiegend mittelgroße Körner. Steht in den Eigenschaften zwischen Sand und Ton. Neigt aber zum Verschlämmen.
- ☐ Ton: überwiegend sehr feine Körnchen. Schlecht durchlüftet und durchwurzelbar, schwer zu bearbeiten; langsame Erwärmung; neigt zu Staunässe; speichert Nährstoffe gut, aber teils so fest, dass sie für die Wurzeln kaum verfügbar sind.
- ☐ Lehm: setzt sich zu ungefähr gleichen Teilen aus Sand, Schluff und Ton zusammen. Vereint deren gute Eigenschaften und ist ein optimaler Boden.

vermischen nährstoffhaltige Mineralien mit organischen Partikeln. So fördern sie eine stabile Krümelstruktur. Einzeller und nützliche Nematoden (Fadenwürmer) sorgen dafür, dass Bakterien, Pilze und Algen nicht überhandnehmen. Manche Nematoden parasitieren zudem Larven, Erdraupen und Schnecken. Auch Raubmilben, Spinnen und Hundertfüßer ernähren sich von anderen Tieren und reduzieren dabei etliche Bodenschädlinge.

DIE BODENFLORA

Zur Bodenflora zählen Bakterien, Strahlenpilze, Bodenpilze, Algen und Flechten. Sie übernehmen nach der Zersetzung durch Bodentiere die Feinarbeit und wirken an der Humusbildung mit. Viele von ihnen können außerdem Schaderreger im Boden hemmen

Knöllchenbakterien an Schmetterlingsblütlern.

oder abtöten, z. B. schädliche Nematoden oder Larven des Dickmaulrüsslers. Den größten Anteil bilden die Bakterien. Manche binden Stickstoff aus der Luft und machen diesen für die Pflanzen verfügbar; so die frei im Boden lebenden Azotobakter und die Knöllchenbakterien an den Wurzeln von Schmetterlingsblütlern. Zu dieser Pflanzenfamilie zählen Bohnen, Erbsen, Klee und Robinien, die alle von Knöllchenbakterien mit Stickstoff versorgt werden und sich durch Abgabe von Kohlenhydraten revanchieren. Andere Bakterien können Schwefel und Eisen für die Wurzeln aufschließen. Mykorrhizapilze bilden wie Knöllchenbakterien eine Lebensgemeinschaft (Symbiose) mit ihren Wirtspflanzen, vor allem mit Gehölzen, z. B. Kiefern, Preiselbeere und Heidekraut. Sie vergrößern deren Wurzeloberfläche und verbessern die Aufnahme von Wasser und Nährstoffen.

SO WIRD DER BODEN GAR

Unter „Bodengare" versteht man den optimalen Zustand eines Bodens. Ein garer Boden ist humos, prima durchlüftet, gut durchwurzelbar, speichert Feuchtigkeit und Nährstoffe und gibt diese bei Bedarf wieder ab. Für diese Eigenschaften sorgen Regenwürmer, andere Bodentiere und Mikroorganismen: Sie verkleben mit Ausscheidungen, Schleim und Pilzfäden die Bodenteilchen, sodass ein Krümelgefüge entsteht. Mit Kompost und anderen Naturdüngern lässt sich das ideal fördern. Anders als Sandkörner oder dicht gepackte Tonkörnchen bilden die locker verklebten „Bio-Krümel" ein stabiles und zugleich durchlässiges Gefüge. Die Krümel sind durchsetzt mit zahllosen feinen Poren, die eine gute Durchlüftung und Wasserführung gewährleisten.

NÄHRSTOFFE: DIE DÜNGE-ESSENZEN

Zum Wachsen und Gedeihen brauchen Pflanzen zunächst einmal Luft, Wasser und Licht. Denn ihre wichtigsten „Betriebsstoffe" nehmen sie als Gase aus der Luft und aus dem Wasser im Boden auf: Kohlendioxid (mit Kohlenstoff als Kernelement), Sauerstoff und Wasserstoff. Daraus bauen Pflanzen selbst die Kohlenhydrate auf, die sie für das Wachstum und ihren Energiestoffwechsel benötigen – im Gegensatz zu den meisten anderen Lebewesen, die Kohlenhydrate (Zucker, Stärke) nur über die Nahrung aufnehmen können. Dafür nutzen die Pflanzen die Energie des Sonnenlichts: Die können sie mithilfe der Fotosynthese einfangen und für den Aufbau ihrer Körpersubstanz einsetzen. Voraussetzung für die Fotosynthese ist das Blattgrün (Chlorophyll), das das Licht absorbiert. Zur Bildung des Blattgrüns wiederum benötigen die Pflanzen Magnesium: ein Element, das sie ebenso wie Kalium und andere Nährstoffe aus dem Boden aufnehmen. Dort sind die Nährstoffe in mineralischer (z. B. an Tonteilchen) oder organischer Form (an Humusteilchen) gespeichert. Sie werden durch Verwitterung, Lösen im Bodenwasser und Aufschließen durch Mikroorganismen für die Wurzeln verfügbar.

DIE HAUPTNÄHRSTOFFE

Mineralstoffe, die die Pflanzen in größeren Mengen brauchen, nennt man Hauptnährstoffe, im Gegensatz zu den Spurennährstoffen (siehe S. 23–24). Zu den Hauptnährstoffen zählen Stickstoff, Phosphor, Kalium sowie Magnesium, Calcium und Schwefel. Stickstoff (N), Phosphor (P) und Kalium (K) sind in jedem Volldünger enthalten, weshalb diese auch unter der Bezeichnung NPK-Dünger bekannt sind.

STICKSTOFF

Stickstoff (chemische Abkürzung: N) gilt als „Wachstumsmotor": Gut versorgte Pflanzen wachsen kräftig, mit großen, sattgrünen Blättern. Bei Stickstoffmangel dagegen bleiben sie klein und die Blätter vergilben, angefangen bei den älteren.

Mit zu viel Stickstoff andererseits werden die Blätter zwar groß, aber schwammig, und die Triebe und Stängel weich. Solche Pflanzen sind anfälliger für Pilzkrankheiten und Frostschäden.

Die Wurzeln nehmen den Stickstoff hauptsächlich als Nitratsalz auf – egal, ob mineralisch oder organisch gedüngt wird. Bei zu hohen Stickstoffgaben kann sich im Gemüse Nitrat anreichern, besonders stark in kühlen, lichtarmen Jahreszeiten, z. B. bei Herbstspinat. Nitrat ist zwar ungiftig, aber in größeren Mengen riskant: Denn dann können beim Essen gesundheitsschädliche Nitrite und Nitrosamine entstehen. Und was die Pflanzen nicht aufnehmen können, belastet beim Auswaschen das Grundwasser.

In Kunstdüngern liegt der Stickstoff häufig schon als Nitrat vor, deshalb wird damit leicht überdüngt. Kritisch kann es aber auch wer-

Kartoffelpflanze mit ausgeprägtem Stickstoffmangel

Düngt man beim Herbstanbau viel Stickstoff, drohen hohe Nitratgehalte.

Phosphormangel führt häufig zu einer rötlichen bis violetten Verfärbung, meist von den Blatträndern her.

den, wenn man im Übermaß stickstoffreiche Biodünger wie Hornmehl, Brennnessel-Jauche oder Mist einsetzt.

PHOSPHOR

Phosphor (P), dessen Salze Phosphate heißen, ist wichtig für den Energiestoffwechsel, für die Blüten- und Fruchtbildung und ein harmonisches Wurzelwachstum. Bei Mangel kümmern die Pflanzen, mit kleinen, dunkelgrünen bis violett getönten Blättern. Rüben- und Knollengemüse sind missgebildet.

Zu viel Phosphor schadet den Pflanzen nicht direkt. Es kann sich aber übermäßig im Boden anreichern. Das kommt in Gärten, die lange mit Volldünger, mit Mist oder auch überreich mit Kompost versorgt wurden, recht häufig vor. Der Überschuss behindert dann die Aufnahme anderer Nährstoffe wie Stickstoff und Eisen. Zudem können Phosphate bei Erdabschwemmung die Gewässer belasten. Oft genügen schon normale Kompostgaben für eine ausreichende Phosphordüngung.

KALIUM

Kalium (K), in Salzform als Kali bezeichnet, spielt eine wichtige Rolle beim Wasserhaushalt und Stofftransport in der Pflanze. Es festigt das Pflanzengewebe, verbessert die Standfestigkeit und die Widerstandskraft gegen Schaderreger und Fröste.

Bei Kaliummangel werden die Blattspitzen und -ränder anfangs blass, dann braun – zuerst bei den älteren Blättern, die sich teils einrollen. Häufig wirken die ganzen Pflanzen welk. Rüben und Knollen sind rissig oder platzen auf. Mit Kompost ist der Grundbedarf an Kalium oft schon fast gedeckt. Erhalten Gemüse wie Tomaten und andere wüchsige Pflanzen dazu noch etwas Patentkali, Vinasse-Dünger oder Beinwell-Jauche, braucht man sich um Kaliummangel keine Sorgen zu machen.

Allerdings zeigt sich bei Bodenuntersuchungen, ebenso wie beim Phosphor, oft ein Kaliumüberschuss. Das beeinträchtigt dann die Aufnahme von Magnesium und Calcium.

MAGNESIUM

Magnesium (Mg) ermöglicht als zentraler Baustein des Blattgrüns die lebenswichtige Fotosynthese. Es unterstützt zudem den Eiweißaufbau, die Atmung und weitere Stoffwechselvorgänge.

Fehlt Magnesium, werden zunächst die älteren Blätter gelb, später bräunlich. Die Blattadern jedoch bleiben grün; ähnlich wie beim häufiger auftretenden Eisenmangel (siehe S. 23–24) – der beginnt allerdings an den jüngeren Blättern. Magnesiummangel kommt besonders bei Nadelgehölzen vor. Dann färben sich die Nadelspitzen gelb, schließlich verbräunen die Nadeln komplett. Dagegen helfen Dünger mit natürlichen Magnesiumsulfaten wie Bittersalz und Kieserit.

SCHWEFEL

Schwefel (S) ist Bestandteil von Eiweißen, Zellmembranen und Enzymen und verbessert die Umsetzung von Stickstoff. Die Pflanzen

01

02

können rund ein Drittel ihres Bedarfs decken, indem sie über die Blätter Schwefeldioxid aus der Luft aufnehmen. Durch die Umweltverschmutzung stieg allerdings der Schwefeldioxidgehalt im 20. Jahrhundert gewaltig an. In der Folge fiel saurer Regen vom Himmel. Böden und Gewässer versauerten und in den Wäldern starben Bäume ab.

Schließlich gelang es, die Abgase von Industrieanlagen, Heizungen und Autos zu entschwefeln. In der Folge mussten sich Landwirte und Gärtner auf Ungewohntes einstellen: Pflanzen mit Schwefelmangel. Die Symptome sind ähnlich wie bei Stickstoffmangel, hier aber zuerst an den jüngeren Blättern: Aufhellung, teils rötlich verfärbt und mit bleichen Adern; dazu schwacher Wuchs und spärliche Blüte.

Ein Mangel tritt besonders auf leichten, sandigen sowie sehr tonhaltigen, sauren Böden auf. Hier ist vor allem eine nachhaltige Bodenverbesserung ratsam. Bei akutem Mangel kann man Bittersalz, Kieserit, Naturgips oder Kaliumsulfat einsetzen.

CALCIUM

Calcium (Ca) festigt die Zellwände und ist wichtig für den Wasserhaushalt, die Atmung und den Stoffwechsel der Pflanzen. Als Hauptkomponente des Kalks hat Calcium zudem große Bedeutung für die Bodenstruktur und das Regulieren des pH-Werts. Zu diesem Zweck ausgebrachte Kalkgaben sichern zugleich die Calciumversorgung der Pflanzen. (siehe S. 22).

Tritt Calciummangel auf, liegt das oft an einem Kalium- und Magnesiumüberschuss: Die Pflanzen können dann zu wenig Calcium aufnehmen, auch wenn es im Boden ausreichend vorhanden ist. Ungleichmäßige Wasserversorgung verstärkt das Problem. Dann vergilben und verbräunen zunächst die Ränder junger Blätter. Teils knicken Triebe und Blütenstiele hakenförmig ab. Bei Apfel und Quitte führt Calciummangel zur Stippe mit kleinen, bräunlichen Fruchtflecken. Bei Tomaten, Paprika und Gurken tritt die Blütenendfäule auf: Die Früchte zeigen an der Spitze zunächst wässrige, später dunkle Flecken.

03

04

01 *Kaliummangel zeigt sich oft zuerst an braunen Blattspitzen und -rändern.*

02 *Weinrebe mit Magnesiummangel: Blätter werden zwischen den Adern gelb, beim Rotwein rot.*

03 *Kartoffelpflanze mit Schwefelmangel*

04 *Blütenendfäule an Tomaten: Ursache ist eine schlechte Versorgung mit Calcium.*

DÜNGER
— *und seine Wirkungen*

In seiner Gärtnerei, die Franz-Xaver Treml über
40 Jahre führte, hat er selbst immer viel ausprobiert
zum Wohle seiner Pflanzen. Über 3000 Kräuter
und Heilpflanzen aus aller Welt behütete er
wie Schätze. Hier gibt er einen Einblick in
seine Düngeerkenntnisse.

*Gut mit Kompost versorgte und ernährte Pflanzen sind oft
weniger kälteempfindlich.*

*Was sollte man beim Düngen seiner Beete
beachten?*

Neben der richtigen Beschaffenheit des
Bodens muss, wie schon erwähnt, auch die
„Chemie" im Boden stimmen. Mangel oder
Überdüngung kann Folgen auf die Pflanzen
und ihre Ernte haben.

Können Sie uns dafür Beispiele nennen?

Zum Beispiel kann Phosphormangel dazu
führen, dass es zu einer violetten und rotbrau-
nen Verfärbung der Blätter, vor allem auf der
Blattunterseite, und zu unzureichender Wur-
zelentwicklung kommt. Dies führt zu starken
Ertragsverlusten. Dieses Problem können Sie
bei bestehenden Kulturen durch Zugabe eines
Phosphat-Düngemittels mit weicherdigem
Rohphosphat verhindern. Vor allem im Frühjahr mit niedrigen Bodentemperaturen kann
man so den Wuchs der Pflanzen unterstützen.
Im Sommer und Spätherbst sind die Mikroorganismen dagegen sehr aktiv, die aufneh-
mende Phosphorgabe ist dann völlig ausreichend.

Bei Stickstoffüberschuss empfehle ich die Einarbeitung von Stroh.

Und zum Thema Überdüngung?

Bei Überschuss von Stickstoff kommt es zu Ertragsminderungen. Da der Wuchs zwar besonders stark ist, die Bildung von Blüten und Früchten aber unzulänglich und die Pflanze insgesamt anfälliger für Krankheiten und Schädlinge ist. Zudem sind Haltbarkeit von Obst und Gemüse unbefriedigend.

Wenn Sie merken, dass der Boden mit Stickstoff überdüngt ist, können Sie Pflanzen-

„Beim Düngen ist die Chemie zwischen Boden und Pflanze wichtig."

Brennnesseln sind typische Stickstoffanzeiger, deren Kraut auch gerne zum Düngen von Starkzehrern verwendet wird.

19

schäden vermeiden, indem Sie Stroh in den Boden einarbeiten. Für die Verrottung des Strohs benötigen die Bakterien Stickstoff, den sie dann dem mit Stickstoff überdüngten Boden entziehen. Auf diese Art lassen sich die Schäden verringern.

Wenn Kaliummangel im Hobbygarten herrscht, welche Erfahrungen haben Sie hierzu in Ihrer langjährigen Zeit als Kräuterexperte gemacht?

Bei Kaliummangel wachsen ihre Pflanzen schlecht, die Blattränder werden braun und sterben ab. Bei Mangel, die Kaliumgabe erhöhen oder mit Kaliumsulfat spritzen. Mit Kalium fördert man die Bildung von Blüten und Früchten. Gut ist in diesem Zusammenhang auch, wenn noch Magnesium vorhanden ist. So erhalten Sie einen sichereren Ertrag, vor allem bei Gemüse und Obst. Magnesiummangel ist am häufigsten bei Tomaten und Salaten vorhanden, dann sollte man mit Magnesiumsulfat spritzen. Oft genügt aber schon die Düngung mit Patentkali oder Stickstoffmagnesium, die beide diesen Nährstoff enthalten.

Neben Pflanzenschäden durch Mangel an Nährstoffen ist Kälte und Frost ja auch ein Problem im Garten, haben Sie dazu noch einen Hinweis für uns?

Im Nutzgarten können Fröste zur Zeit der Eisheiligen und im Herbst sowie starke Kälte im tiefsten Winter und die heftigen Temperaturschwankungen bei Tag und Nacht im Frühjahr Schäden und damit hohe Ertragsverluste verursachen. Gut mit Humus, Wasser und im Herbst auch noch mit Kalium versorgte Gehölze können starke Winterkälte überstehen. Schlecht ernährte und unzureichend mit Humus versorgte Gehölze erfrieren auch leicht. Vor allem aber nach einer reichen Ernte oder nach hohen Jahresniederschlägen, sind die Pflanzen kälteempfindlich.

☞ HAUPTNÄHRSTOFFE FÜR PFLANZEN

ELEMENT	WAS SIE BRAUCHEN	ZU VIEL DAVON	MANGELERSCHEINUNGEN
Stickstoff (N)	Fördert Trieb- und Pflanzenwachstum	Triebiger Wuchs, hoher Wassergehalt, Gewebeschäden, krankheitsanfällig besonders für Läuse und Pilze	Ältere Blätter werden gelblich, schwaches Wachstum
Phosphor (P)	Fördert Blüten- und Fruchtbildung	Stoffwechselstörung, Eisenmangel, schlechte Wurzelbildung	Rötlich braune Blattverfärbung, steil nach oben gerichtete Blätter, zu geringer Fruchtansatz
Kalium (K)	Fördert Gewebefestigkeit und Wurzelbildung, gesundes Wachstum	Wachstumshemmung, Magnesium- und Calciummangel	Ältere Blätter verfärben sich an den Rändern braun und sterben ab
Magnesium (Mg)	Fördert Blattgrünbildung und Blütenreichtum	Fördert Läuse und Spinnenmilben, Kaliummangel möglich	Gelbfärbung der älteren Blätter, Blattadern bleiben grün
Calcium (Ca)	Fördert Wurzel- und Sprosswachstum	Führt zu Phosphormangel	Verringertes Wurzelwachstum
Schwefel (S)	Fördert Stoffwechsel	Führt zu Kleinwüchsigkeit	Gelbfärbung der jüngsten Blätter

01

02

03

01 *Ausgewogene Phosphorgaben fördern die Fruchtbildung.*

02 *Starke Pflanzen sind robuster gegen Schneckenfraß.*

03 *Magnesium fördert die Blattgrünbildung. Bei Salaten können leicht Mängel auftreten.*

KALK UND DER PH-WERT

Der pH-Wert ist eine Kennzahl für den Säuregrad von Flüssigkeiten und Böden. Im Boden hängt er meist eng mit dem Kalkgehalt zusammen. Der pH kann Werte von 0 (extrem sauer) über 7 (neutral) bis 14 (extrem alkalisch) einnehmen. Saure Böden (pH-Wert unter 5,5) sind weitgehend kalkfrei, alkalische Böden (pH über 7,2) haben einen hohen Kalkgehalt.

Mit solch einem Bodentest-Set können Sie den pH-Wert leicht selbst ermitteln.

Der pH-Wert hat Einfluss darauf, wie gut die Pflanzen verschiedene Nährstoffe aufnehmen können; gerade auch die nachfolgend beschriebenen Spurennährstoffe. Die meisten Gartenpflanzen kommen mit pH-Werten zwischen 6 und 7, also im schwach sauren bis neutralen Bereich, am besten zurecht. Die wichtigsten Ausnahmen:

— Sauren Boden brauchen: Berglorbeer (*Kalmia latifolia*), Besenginster (*Cytisus scoparius*), Besenheide (*Calluna vulgaris*), Kamelie, Lavendelheide (*Pieris japonica*), Rhododendron, Skimmie (*Skimmia japonica*); Heidelbeere und Preiselbeere; die meisten Farne.

— Leicht sauren, kalkarmen Boden bevorzugen: Hortensie, Magnolie, Mahonie; Astilbe, Lupine, Roter Fingerhut; Erdbeeren, Himbeeren.

— Kalkhaltigen Boden mögen: Buchsbaum, Blutpflaume, Esche, Goldregen, Kornelkirsche (*Cornus mas*), Lorbeerkirsche (*Prunus laurocerasus*), Sommerflieder (*Buddleja*), Zierkirsche, Süßkirsche; Alpenveilchen (*Cyclamen*), Bartiris, Beinwell, Blaukissen (*Aubrieta*), Christrose, Gladiole, Glockenblumen, Immergrün (*Vinca*), Lavendel, Pfingstrose, Zierlauch; Schnittlauch, Bohnenkraut, Oregano, Salbei und andere mediterrane Kräuter.

Zeigen sich häufig gelbe Blätter und ähnliche Symptome, liegt das nicht selten an einem unpassenden Säuregrad. Den pH-Wert können Sie mit Teststäbchen oder Testsets aus dem Fachhandel leicht ermitteln. Noch genauere Auskunft gibt eine Bodenuntersuchung durch ein Labor (siehe S. 25).

MIT KALK DÜNGEN

Ein zu saurer Boden wird am besten nicht schlagartig, sondern allmählich aufgekalkt. Dafür eignen sich langsam wirkende Kalkdünger wie Algen-, Dolomit- und kohlensaurer Kalk. Diese arbeitet man zunächst jährlich im Herbst oder zeitigen Frühjahr ein. Ist der gewünschte pH-Wert erreicht, genügt es, alle 2 bis 3 Jahre nachzukalken. Soll es etwas schneller gehen, kann Kreidekalk verwendet werden.

Eine Erhaltungskalkung im dreijährigen Abstand ist auch bei neutralen Böden ratsam, da diese mit der Zeit zum Versauern neigen. Vermeiden Sie aber zu häufige und zu hohe Kalkgaben. Die setzen zwar anfangs kräftig Nährstoffe frei, fördern aber den Humusabbau und laugen auf Dauer den Boden aus.

DEN PH-WERT ABSENKEN

Dafür braucht es bei kalkreichen Böden einige Jahre Geduld, um immer wieder Rhododendronerde, Laub- oder Nadelkompost einzuarbeiten. Auf den ebenfalls sauren Torf, dessen Abbau zur Zerstörung von Mooren beiträgt, wird besser verzichtet. Geht es nur um eine begrenzte Fläche, z. B. für Heidelbeeren, kommt man schneller zum Ziel, indem man den Boden tief aushebt und durch Rhododendronerde ersetzt. Gießen Sie hier möglichst nur mit weichem Regenwasser oder enthärtetem Leitungswasser.

Wer sein Herbstlaub sammelt, braucht keinen Torf: Laubkompost hilft, den pH-Wert abzusenken.

DIE SPURENNÄHR-STOFFE

Spurennährstoffe brauchen die Pflanzen tatsächlich nur in „Spuren". Sie sind aber ebenso unverzichtbar wie die Hauptnährstoffe. Zu den Spurennährstoffen gehören: Bor (B), Eisen (Fe), Kupfer (Cu), Mangan (Mn), Molybdän (Mo) und Zink (Zn). Eisen wird in etwas größeren Mengen gebraucht und teils auch als Hauptnährstoff eingestuft. Pflanzen bauen die Spurennährstoffe hauptsächlich in Enzyme ein, die Stoffwechselvorgänge und Wachstumsprozesse steuern: so etwa die Keimung, die Fotosynthese, die Blüten- und Fruchtentwicklung.

Spurennährstoffmangel resultiert oft aus einseitigen Düngergaben mit hohem Gehalt an Hauptnährstoffen. Zu viel Phosphor kann z. B. die Aufnahme von Eisen, Kupfer und Zink behindern. Die Spurennährstoffe reagieren recht stark auf den pH-Wert. Ist der Boden zu kalkhaltig (hoher pH), wird die Aufnahme von Eisen, Kupfer, Mangan und Zink blockiert. Ist er sauer (niedriger pH), kann Molybdänmangel auftreten. Welche Folgen ein Mangel an solchen Spurennährstoffen haben kann, ist in der Übersicht auf S. 24 zusammengestellt.

Bei akutem Mangel gibt es Einzelnährstoffdünger, z. B. mit Eisen, Kupfer und Mangan. Sie lassen sich teils direkt auf die Blätter ausbringen und wirken so besonders rasch. Der Fachhandel bietet außerdem meist flüssige Biodünger an, die besonders viele Spurennährstoffe enthalten. Sie basieren überwiegend auf Pflanzenextrakten, Melasserückständen oder Gesteinsmehlen.

01

02

NÜTZLICHE UND HILFREICHE STOFFE

Pflanzen nehmen neben den unverzichtbaren Spurennährstoffen teils weitere Elemente auf – die sie nicht unbedingt brauchen, aber gern nutzen. Dazu gehören für bestimmte Pflanzengruppen z. B. Natrium (Na) und Cobalt (Co). Interessanter für praktische Bio-gärtner ist Silicium (Si), das Kernelement der Kieselsäure. Es festigt das Pflanzengewebe und macht dieses widerstandsfähiger gegen Krankheiten und Schädlinge. Im Boden stabilisiert Kieselsäure das Krümelgefüge der Bodenteilchen. Das kann man sich gezielt zunutze machen, indem man Ackerschachtelhalm-Auszüge einsetzt (siehe S. 102 bei den Pflanzenporträts).

ANZEICHEN VON SPURENNÄHRSTOFFMANGEL

Bormangel Wuchshemmung; Missbildungen von Blättern, Rüben, Knollen (z. B. Sellerie), Blüten und Früchten. Triebspitzen, Blüten und Früchte verkrüppelt. Bei Kohl Hohlräume im Strunk und mangelhafte Bildung von Köpfen. Beim Obst schorfige, verkorkte Früchte.

Eisenmangel Blätter gelb bis fast weißlich, Blattadern bleiben grün; an jüngeren Blättern zuerst. Recht häufig bei Rhododendren, Rosen, Tomaten, Obstbäumen, Weinreben und Erdbeeren.

Kupfermangel Gelb- bis Weißfärbung der jüngsten Blätter, eingerollte Blattspitzen. Starke Wuchshemmung; schlechte Blütenbildung.

Missgebildete Rüben; leere Hülsen bei Hülsenfrüchtlern; junge Baumtriebe verkahlen von der Spitze her.

Manganmangel Punkt- bis fleckenförmige Gelbfärbung zwischen grün bleibenden Blattadern; einknickende Blätter. Bei Gemüse kleine, missgebildete Rüben und Knollen.

Molybdänmangel Blätter vergilbt; teils schmal oder nur Mittelrippen vorhanden; Wuchshemmung. Bei Kohl innere Blätter verdreht; bei Hülsenfrüchtlern schwache Körnerbildung.

Zinkmangel Mosaikartige Gelbfärbung, an jüngeren Blättern zuerst; verdrehte, gewellte, teils starr aufrechte Blätter. Gestauchter, zwergiger Wuchs.

03

Alle genannten Nährstoffe wurden in der Biochemie gründlich erforscht. Aber möglicherweise gibt es weitere Zusammenhänge, die durch das Raster der herkömmlichen Wissenschaft fallen. So werden im biodynamischen Anbau schon seit Langem besondere Präparate verwendet. Deren Wirkungen lassen sich nicht mit „groben" Analysemethoden erfassen, sondern liegen im feinstofflichen Bereich – vergleichbar mit der Homöopathie. Nach speziellen Verfahren zubereitete Spritzpräparate wie Hornkiesel und Kompostpräparate (aus Schafgarbe, Eichenrinde, Baldrian, Brennnessel, Kamille, Löwenzahn) werden eingesetzt, um Wachstumsprozesse anzuregen und die Nährstoffaufnahme zu regulieren.

PROFESSIONELLE BODENUNTERSUCHUNG

Eine Bodenanalyse durch ein Labor liefert wichtige Anhaltspunkte für die Düngepraxis und kann helfen, Unstimmigkeiten auf die Spur zu kommen.
Sehr empfehlenswert ist eine Bodenuntersuchung bei der Neuanlage eines Gartens;

danach besonders im Nutzgarten alle 3 bis 4 Jahre. Das Ergebnis informiert genau über die Bodenart, den pH-Wert und die Gehalte an wichtigen Nährstoffen. Auch der Humusgehalt kann ermittelt werden. Weitere Untersuchungen sind bei Verdacht auf Schadstoffe im Boden möglich.
Teils bieten Gärtnereien und Gartencenter Bodenanalysen an. Ansonsten finden Sie geeignete Labors durch Nachfragen bei der Landwirtschaftskammer, im Branchenbuch oder übers Internet.
Oft geben die Labors schon an, wie die Proben entnommen, verpackt und beschriftet werden sollen. In der Regel entnimmt man je einheitlich genutzter Fläche zehn bis 20 kleine Einzelproben, etwa in Spatentiefe, und vermengt sie gründlich. Die besten Zeitpunkte für eine Probeentnahme sind Spätherbst und zeitiges Frühjahr.

01 Die Einzelproben entnimmt man mithilfe von Spaten und Löffel und vermischt sie dann gut.

02 Die Mischprobe in einen Plastikbeutel füllen.

03 Die Probe mit Adresse und Angabe des Gartenbereichs (z. B. Gemüsebeet) beschriften.

KOSTBARER KOMPOST
— *Das Gold des Gärtners*

VOM ABFALL ZUM WERTVOLLEN HUMUS

Lobgesänge auf „Abfallhaufen" mögen manchem übertrieben erscheinen. Doch selbst erfahrene Gärtner beeindruckt immer wieder das kleine Wunder, wenn sich Garten- und Küchenreste in Humuserde verwandeln – und so ein hervorragendes, kostenloses Düngemittel liefern.

Gut ausgereifter Kompost riecht angenehm nach Waldboden. Er entsteht im Prinzip auch ähnlich wie der dunkle Oberboden unter der Streuschicht der Wälder: Dort wandeln nützliche Organismen die Bodenauflage ständig in Humus um. Das verläuft beim Rottevorgang im Kompost noch wesentlich intensiver. Durch die Mischung unterschiedlicher Garten- und Küchenreste bietet der fertige Kompost ein vielseitiges, ausgewogenes Nährstoffangebot. Zudem regt er das Bodenleben an und kann sogar bodenbürtige Schaderreger eindämmen.

KOMPOST ZUKAUFEN?

Beim eigenen Kompost weiß man, aus welchen Ausgangsstoffen er entstanden ist. Bei käuflichem Fertigkompost dagegen kann man skeptisch sein. Doch für Garteneinsteiger ist das ein hilfreiches Angebot – gerade, wenn der Boden noch etwas dürftig erscheint. Außerdem hat jeder den Platz, um eine größere Ecke für den Kompost zu reservieren. Fertigkompost erhält man in Gartencentern und bei Kompostwerken, abgepackt oder lose. Eine gute Orientierung bietet hier das RAL-Gütesiegel der Bundesgütegemeinschaft Kompost. Damit ausgezeichnete Komposte wurden gründlich auf Qualität geprüft. Das-

selbe gilt für Rindenhumus, der sich als Kompostersatz nutzen lässt.

VORTEILHAFTE HITZE

Humusdünger aus Kompostwerken haben zudem oft einen Vorteil: Weil dort die Abfälle gleich in großen Mieten aufgeschichtet werden, erzeugen die Mikroorganismen im Innern bald eine beachtliche Hitze. Bei Temperaturen bis zu 70 °C sterben dann die meisten Krankheitserreger und Unkrautsamen ab. Da kann die Wärmeentwicklung in einem kleineren Gartenkompost meist nicht mithalten.

Fertiger Kompost riecht angenehm nach Waldboden.

KOMPOST-GRUNDLAGEN

DER KOMPOSTPLATZ

Wählen Sie für den Kompost möglichst eine leicht beschattete Stelle. In der prallen Sonne wird es für den Rotteprozess schnell zu trocken, im Vollschatten zu kühl. Reicht der Platz, kann ein Schatten werfender Strauch wie Holunder daneben gepflanzt werden. Der Boden sollte unbefestigt und durchlässig sein, damit die Bodenorganismen frei zuwandern können und das Sickerwasser gut abfließt. Im Allgemeinen empfehlen sich pro 100 m² Garten je 3–4 m² für den Kompostplatz. Als Standort bietet sich oft eine Stelle am Gartenrand an. Achten Sie aber darauf, dass der Platz gut erreichbar ist, auch mit einer voll beladenen Schubkarre. Gemäß dem Nachbarrecht vieler Bundesländer müssen „Aufschichtungen" mindestens 50 cm Abstand zur Gartengrenze haben, so also auch der Kompost. Bei sachgemäßer Kompostierung entstehen kaum starke, lästige Gerüche. Trotzdem ist es ratsam, sich vorher mit den Nachbarn abzusprechen.

KOMPOSTMIETEN UND -BEHÄLTER

Ideal ist es, wenn man vier Kompost-„Abteile" nebeneinander anlegen kann: eins zum Sammeln des Materials, eins zum Aufsetzen, eins zum Umsetzen und eins für den fertigen Kompost.

Verfügt man über genug Fläche, kann man den Kompost einfach in hügelartigen Mieten aufsetzen. Platzsparender sind Holzboxen mit auflegbaren Brettern, wie sie in vielen Garten- und Baumärkten angeboten werden. Die Bretter bzw. Latten halten allerdings oft nur ein paar Jahre. Mehr Ausdauer zeigen gute Kunststoff-Boxen, Komposter aus Metall oder – etwas aufwendiger – mit gemauerten Seitenwänden.

In einem geschlossenen Thermokomposter aus Kunststoff sorgt die Wärme für eine recht schnelle Zersetzung. Allerdings kann auch Fäulnis auftreten, wenn man nicht auf ausreichende Belüftung achtet. Hier sollte man die Abfälle beim Einfüllen gut durchmischen. Zerkleinerte Zweige, Stängel u. Ä. halten das Ganze luftig und lockern dichte, feuchte Partien auf.

 Checkliste

NICHT FÜR DEN KOMPOST GEEIGNET

- ☐ Verschimmelte und faulige Küchenabfälle
- ☐ Fleisch-, Fischabfälle und Knochen
- ☐ Öle und Fette
- ☐ Gekochte Reste in größeren Mengen
- ☐ Grill- und Steinkohlenasche
- ☐ Katzenstreu und Haustierkot
- ☐ Windeln
- ☐ Farbig bedrucktes und Hochglanzpapier
- ☐ Inhalt von Staubsaugerbeuteln
- ☐ Pflanzenteile mit gefährlichen Pilz-, Bakterien- und Viruskrankheiten
- ☐ Unkräuter mit starkem Samenbesatz, teilungsfähigen Wurzeln oder Ausläufern
- ☐ Reste von Pflanzenschutzmitteln

Zitrusschalen: vorzugsweise von Bio-Früchten.

Kompostplatz: eine „Goldgrube" für fruchtbaren Boden.

Für einen lang gestreckten Kompostplatz kommt auch eine "Wandermiete" infrage: Hier werden praktisch mehrere Komposthaufen ohne Zwischenraum hintereinander aufgereiht. So entsteht vom frisch aufgesetzten Sammelgut bis zum reifen Kompost eine lange Zeile. Wird der fertige Kompost ausgebracht, kann man am frei gewordenen Ende den nächsten aufsetzen.

WAS KOMMT AUF DEN KOMPOST?

Als Kompostmaterialien eignen sich fast alle organischen Garten- und Küchenabfälle; so auch der von Regenwürmern sehr geschätzte Kaffee- und Teesatz, außerdem Holzasche und zerkleinerte Eierschalen. Zitrusfrucht- und Bananenschalen sind längst nicht mehr so stark mit Schadstoffen belastet, wie das früher der Fall war. So können sie in haushaltsüblichen Mengen durchaus auf den Kompost kommen; vorzuziehen sind natürlich Schalen von unbehandelten Früchten. Nussschalen brauchen zum Zersetzen zwar

ewig, lockern aber das Material auf und eignen sich angerottet und mit Kompost vermischt zum Mulchen. Sehr gutes Kompostmaterial liefert eine abgemähte Gründüngung (siehe S. 46–49).

Lassen Sie Rasenschnitt ausgebreitet etwas vorrotten, bevor Sie ihn zum anderen Sammelgut geben. Äste, Zweige und kräftige Gemüse- und Blumenstängel werden am besten gleich zerkleinert. Größere Mengen an Gehölzschnitt sammelt man getrennt, um die Holzteile später gezielt zum Lockern einzubringen. Stallmist ergibt einen besonders nährstoffreichen Kompost. Kleinere Mengen können dem anderen Material untergemischt werden, größere kompostiert man besser getrennt. Dasselbe gilt für Herbstlaub (siehe S. 33).

Im normalen Gartenkompost wird es meist nicht so heiß, dass alle Schaderreger, Unkrautsamen und -wurzeln absterben. Deshalb ist es im Zweifelsfall sicherer, kranke Pflanzenteile und vermehrungsfreudige Wildkräuter über den Hausmüll zu entsorgen. Was ansonsten nicht infrage kommt oder bedenklich ist, zeigt die Übersicht auf der linken Seite.

KOMPOST MACHEN

Schon beim Sammeln der Abfälle in der ersten Box oder Miete ist es günstig, etwas auf Abwechslung zu achten und feine, feuchte Materialien mit gröberen Resten zu vermischen. Am besten überstreut man die Abfälle in der Sammelbox des Öfteren mit ein wenig Gesteinsmehl oder Algenkalk. Das kann die Vorrotte fördern und Gerüche mindern.

DAS AUFSCHICHTEN

Hat sich genug Material angesammelt, wird der erste Kompost aufgesetzt. Wählen Sie für die unterste, rund 20–30 cm hohe Schicht grobes Material wie Gehölzschnitt, dicke Stängel und Kohlstrünke. Das sorgt für guten Wasserablauf und Belüftung von unten her. Zuvor kann man Holzhäcksel, falls vorhan-

den, auf dem Boden verteilen: Sie saugen das Sickerwasser samt den darin enthaltenen Nährstoffen auf.

Über die Basisschicht aus Grobmaterial kommen dann die weiteren Abfälle: möglichst gut gemischt aus sperrigeren, trockenen Teilen und weichen, feuchten Garten- und Küchenresten. Sobald die ersten 20 cm aufgeschichtet sind, streut man darüber ein paar Handvoll Kalk oder Gesteinsmehl aus. Darüber kommt eine rund 5 cm starke Schicht reifer Kompost oder Gartenboden. Diese humose Zwischenschicht ist wichtig, um die aufgesetzten Abfälle zu „impfen": Schon im Boden leben genug Mikroorganismen, die die Zersetzung fördern. Das gilt erst recht für reifen oder fast fertigen Kompost.

So geht es Lage um Lage weiter: immer wieder rund 20 cm hoch die Abfälle, fein über-

Ist die Sammelbox voll, geht's ans Aufschichten.

Unten wird zuerst grobes Material eingefüllt.

streut mit Steinmehl oder Kalk und schließlich eine Kompost- oder Erdschicht. Das Ganze sollte wenigstens 80 cm hoch werden; rund 120 cm sind ideal, bei großen Mieten bis 150 cm. Zum Schluss wird alles noch mal mit einer Erdschicht überzogen und schließlich mit Laub oder Rasenschnitt bedeckt. Diese Abdeckung reduziert das Austrocknen und den Wildkrautaufwuchs und wird von Zeit zu Zeit erneuert.

KOMPOSTZUSÄTZE

Das Angebot an sogenannten Kompoststartern und -beschleunigern ist groß. Solche Hilfsmittel enthalten z. B. Pflanzenextrakte, Mistauszüge, Horn- oder Steinmehle, spezielle Enzyme oder Mikroorganismen. Einige wirken auf homöopathischer Basis oder sind Kompostpräparate aus dem biodynamischen Anbau. Manches kann förderlich sein – aber Wunder darf man sich davon nicht versprechen. Abzuraten ist von Kompostzusätzen mit Kalkstickstoff, bei dessen Umsetzung giftiges Cyanamid entsteht.

Die besten „Kompoststarter" wurden bereits empfohlen: Kompost und humose Erde, die zusammen mit etwas Kalk oder Gesteinsmehl als Zwischenschichten eingebracht werden. Ansonsten sind gut aufgesetzte Abfälle sowie ausreichende Feuchtigkeit und Luftzufuhr für das Gelingen viel wichtiger als jeder Zusatz.

ROTTE: DIE VERWANDLUNG

Was nach dem Aufsetzen im Komposthaufen geschieht, wird als Rotte oder Verrottung bezeichnet: das Zersetzen unter Einfluss von Sauerstoff – im Gegensatz zur Fäulnis, die bei Luftmangel eintritt. Beim Zersetzen eines frisch aufgeschichteten Komposthaufens werden Milliarden von winzigen Lebewesen aktiv.

Mithilfe eines Kompostthermometers können Sie die anfängliche Wärmeentwicklung

überprüfen. Will es gar nicht richtig warm werden, ist meist zu wenig stickstoffreiches, leicht zersetzbares Material dabei. Dann setzt man am besten nochmals neu auf und mischt mehr Rasenschnitt, Blumen- und Gemüseabfälle und/oder Küchenabfälle unter. Falls verfügbar, eignen sich dafür Mist und abgemähte Gründüngungspflanzen besonders gut.

Die Rotte verläuft in drei Phasen:

— Abbauphase: Hauptsächlich das Werk von Bakterien, außerdem von Schleimpilzen und Pilzen. Sie bauen vor allem Kohlenhydrate und Eiweiße ab. Dabei wird es im Innern des Komposts heiß; im Gartenkompost meist 40–50 °C. Danach fällt die Temperatur etwas ab und das aufgeschichtete Material sackt stark zusammen.

— Umbauphase: Nach weiterem Temperaturabfall folgt der Auftritt von Kleintieren wie Springschwänzen: Sie zerkleinern und vermischen die durch Bakterien bereits „aufgeschlossenen" Abfälle. Dann übernehmen Mikroorganismen den weiteren Umbau und bilden zunehmend Humus.

— Reifephase: Schließlich verarbeiten Regenwürmer, Tausendfüßer, Asseln und

Bei der Rotte verwandeln sich Abfälle in Humuserde.

31

Bei langer Trockenheit öfter mal anfeuchten.

andere Tiere die Reste. Ihre Ausscheidungen, Schleimstoffe sowie Pilzfäden verkleben die organischen und mineralischen Partikel zu lockeren Krümeln. So entsteht Humuserde. Der Kompost färbt sich dunkel und duftet nach Waldboden.

 ## Checkliste
WERKZEUGE UND HILFSSTOFFE

- ☐ Schubkarre
- ☐ Miete oder Behälter
- ☐ Gartenschere
- ☐ Spaten, Mistgabel
- ☐ Laub- oder Rasenschnitt
- ☐ ggf. Kompostthermometer
- ☐ Gießkanne mit Brauseaufsatz

Der fertige Kompost wird entsprechend als Reifekompost bezeichnet. Je nach Ausgangsmaterial, Jahreszeit und Wetter dauert es vom Aufsetzen bis zur Kompostreife rund 6 bis 12 Monate.

DIE ROTTE FÖRDERN
Anhaltende Trockenheit kann die Aktivität der Kompostbewohner stark einschränken. Deshalb ist es durchaus sinnvoll, den Kompost gelegentlich zu gießen.

Wenn keine Gehölze oder Mauern für Schatten sorgen, können das die Blätter von Kürbispflanzen oder Kapuzinerkresse übernehmen. Setzen Sie diese aber nicht auf den Kompost, sondern direkt daneben. Die langen Ranken lassen sich gut über dem Kompost verteilen und bei Bedarf zur Seite schieben. Bei starkem, anhaltendem Regen schützt eine vorübergehend aufgelegte Folie oder Plane den Kompost vor dem Vernässen. Um nach Dauerregen oder bei Anzeichen für Verdichtung die Durchlüftung zu verbessern, kann man mit einem Stiel oder Eisenstab wiederholt tiefe Löcher einstechen.

DAS UMSETZEN
Über das Umschichten des halb fertigen Komposts scheiden sich die Geister. Wenn das Untere nach oben und das Innere nach außen gewendet wird, verändert das drastisch die Lebensbedingungen der Mikroorganismen. Dadurch sterben etliche winzige Helfer ab. Andererseits bringt dies frischen Sauerstoff in das Rottematerial. Gewöhnlich erholt sich das Kompostleben danach recht schnell und wird wieder aktiver. Dazu trägt auch das Anfeuchten sehr trockener Partien bei. Am besten setzt man den Haufen um, nachdem er gegen Ende der Abbauphase stark zusammengesackt ist – dies allerdings nicht über Winter, auch nicht bei großer Hitze. Wird der Kompostkern bei Extremtemperaturen bloßgelegt, dauert es lange, bis sich die Mikroorganismen wieder etabliert haben.

☞ SPEZIELLE KOMPOSTARTEN

Laubkompost

Nadelkompost

Mistkompost

Rasenschnittkompost

Reststoffe, die in großen Mengen anfallen oder besondere „Eigenheiten" haben, werden am besten separat aufgesetzt. Diese schichtet man im Prinzip wie beim normalen Kompost: mit einer Basis aus grobem Dränagematerial wie Gehölzschnitt und mit Kompost- bzw. Erdschichten zwischen den einzelnen Lagen. Die wichtigsten Spezialkomposte sind folgend aufgeführt:

01 Laubkompost: Aus herbstlichem Falllaub. Für gute Luftzufuhr am besten in einem Maschendrahtbehälter aufsetzen, vermengt mit Holzhäcksel. Beim Aufschichten Hornspäne und etwas Tonmehl einstreuen. Bis zur Reife dauert es bis zu 2 Jahre. Laubkompost kann man aber schon vorher gut zum Mulchen verwenden. Er wird je nach Laubart schwach sauer bis sauer. Ist das nicht gewünscht, mischt man beim Aufsetzen kräftig Kalk unter.

02 Nadelkompost: Aus Nadeln und Zweigen von Nadelgehölzen. Auch hier die beim Laubkompost genannten Zusätze untermischen. Wird frühestens nach 1,5 Jahren verwendungsfähig. Der reife Kompost ist noch saurer als Laubkompost und eignet sich gut für Pflanzen wie Rhododendron, Lavendelheide und Heidelbeere.

03 Mistkompost: Aus Pferde-, Hühner- oder Rindermist, vorzugsweise aus Biobetrieben. Ist der Mist nicht schon mit Stroh versetzt, reichlich Holzhäcksel oder zerkleinerten Gehölzschnitt untermischen. Kräftige Zwischenschichten aus Komposterde einbringen und höchstens 80 cm hoch aufschichten. Der nährstoffreiche Mistkompost wird nach 6 bis 12 Monaten reif.

04 Rasenschnittkompost: Den Rasenschnitt zunächst flach ausbreiten und einige Tage anwelken lassen. Möglichst trocken und höchstens 1 m hoch aufsetzen; am besten in einem Maschendrahtbehälter und vermengt mit viel Holzhäcksel und Gehölzschnitt. Nach dem Zusammensacken bald umsetzen. Der Kompost ist oft schon nach 6 Monaten reif.

KOMPOST RICHTIG VERWENDEN

Wer neue Pflanzflächen vorbereiten oder den Boden unter gut eingewachsenen Gehölzen mulchen will, muss nicht unbedingt die Kompostreife abwarten. Dafür lässt sich schon 3 bis 4 Monate nach dem Aufsetzen halb zersetzter Frischkompost einsetzen. Er eignet sich allerdings nicht für zarte Pflanzen, da er noch reichlich „aktive" Umbaustoffe enthält. Auch die meisten Gemüse, sogar der nährstoffliebende Kohl, reagieren auf Frischkompost recht empfindlich.

REIFEPRÜFUNG PER KRESSETEST

Ob der Kompost voll ausgereift ist, können Sie mit einem Kressetest überprüfen. Keimlinge reagieren sehr empfindlich auf leicht lösliche Nährstoffe und organische Säuren im Frischkompost. Die rasch keimende Kresse zeigt schnell an, wie weit der Kompost ist.

Füllen Sie eine Kompostprobe in eine flache Schale und streuen Sie die Kressesamen gleichmäßig aus. Drücken Sie die Samen leicht an, befeuchten Sie alles gründlich und decken Sie die Schale mit einer Folie ab. Zeigen sich grüne Spitzen, wird die Abdeckung entfernt. Nach 3 bis 4 Tagen haben normalerweise die meisten Samen gekeimt. Bleibt die sprießende Kresse weiterhin grün, verfügen Sie über Reifekompost. Färben sich die Blättchen dagegen nach spätestens einer Woche gelb bis bräunlich, ist der Kompost noch zu frisch.

KOMPOST FÜR ALLE ZWECKE

Völlig zersetzter Reifekompost ist vielseitig verwendbar: zum Düngen, Mulchen und zur Bodenverbesserung, zum Vorbereiten neuer Beete und Pflanzflächen. Sie können ihn auch beim Einpflanzen nutzen, indem Sie ihn dem Aushub untermischen, mit dem die Pflanzgrube wieder gefüllt wird. Für selbst hergestellte Topferden lässt man den Kompost besser noch einige Wochen ablagern, damit sich der schnell umsetzbare Nährhumus zum Teil in Dauerhumus umwandeln kann. Danach kann er mit anderen Komponenten vermischt werden, etwa mit gutem Gartenboden und Sand. Kompost sollte in solchen Mischungen höchstens ein Drittel Anteil haben. Besonders für Topferden sowie für Aussaaten im Beet siebt man die groben Kompostbestandteile am besten vorher ab.

In Beeten und Pflanzflächen wirkt Kompost optimal, wenn er nur ausgestreut und leicht

eingearbeitet wird, z. B. mit Rechen, Kultivator oder Grubber. Dies geschieht am besten kurz vor dem Säen oder Pflanzen. Das Vermischen mit dem Boden übernehmen dann Regenwürmer und Co. Untergraben im Herbst dagegen ist „Verschwendung". Dann werden über Winter Nährstoffe ausgewaschen und die sauerstoffliebenden Mikroorganismen haben es schwer: Sie können den Kompost nicht richtig verwerten, wenn er nach dem Umgraben luftarm abgedeckt ist.

UNTERSCHÄTZTE DÜNGEKRAFT

Die heute allgemein empfohlenen Kompostmengen für das Düngen können einen überraschen: In der Regel sollte Kompost nur in ziemlich dünnen Schichten ausgebracht werden. Das resultiert vor allem aus der Erfahrung der LUFAs (Landwirtschaftliche Untersuchungs- und Forschungsanstalten), die schon unzählige Bodenproben aus Privatgärten analysiert haben.

Dabei zeigt sich immer wieder, dass selbst in Gärten, in denen nur Kompost verwendet wird, die Böden öfter überdüngt sind. Besonders häufig stellt man einen Überschuss an Phosphor fest, öfter auch an Magnesium, teils an Kalium. Dann wird die Aufnahme anderer wichtiger Nährstoffe blockiert, sodass zunehmend Mangelerscheinungen auftreten (siehe S. 14–17 und S. 24). Deshalb ist auch bei rein biologischer Düngung gelegentlich eine Bodenprobe ratsam.

01   Arbeiten Sie Kompost nur oberflächlich ein. Für alles Weitere sorgt das Bodenleben.

02   Beim Einpflanzen den Kompost einfach unter den Aushub des Pflanzlochs mischen.

03   Grün bleibende Kresse zeigt Kompostreife an.

Mehrere Zentimeter starke Kompostgaben sind höchstens bei sehr armen, noch nie genutzten Böden oder strapazierten Flächen sinnvoll. Dann kann man bis zu 40 l je m² ausbringen. Das reicht dann aber auch für mindestens 4 Jahre.

Die nachfolgenden Düngeempfehlungen für verschiedene Gartenbereiche beziehen sich auf einen Boden, der gut, aber nicht übermäßig mit Nährstoffen versorgt ist – und auf einen „durchschnittlichen" Kompost. Es erscheint vielleicht etwas „erbsenzählerisch", wenn die Nährstoffmengen aufs Gramm genau angegeben werden, doch als Anhaltspunkte für eine gut angepasste Düngung sind solche Zahlen hilfreich. Bei einem beispielsweise sehr sandigen Boden kann man die genannten Mengen erhöhen – aber höchstens um das Anderthalbfache.

KOMPOSTDÜNGUNG IM NUTZGARTEN

Im Nutzgarten sind die Nährstoffansprüche sehr unterschiedlich. Die Gemüse werden deshalb in Stark-, Mittel- und Schwachzehrer unterteilt:

— **Starkzehrer:** Tomate, Paprika, Gurke, Zucchini, Kürbis, fast alle Kohlarten, Sellerie, Knollenfenchel, Kartoffel, Topinambur
— **Mittelzehrer:** Aubergine, Bohnen (außer Buschbohnen), Kohlrabi, Chinakohl, fast alle Salate, Endivie, Radicchio, Mangold, Lauch, Zwiebel, Möhre, Pastinake, Rettich, Rote Bete, Schwarzwurzel, Liebstöckel
— **Schwachzehrer:** Buschbohne, Erbse, Pflück- und Schnittsalat, Feldsalat, Spinat, Radieschen, Speiserübe, Knoblauch, Schnittlauch; die meisten Kräuter

Bei einer „klassischen" Fruchtfolge wechseln sich auf einem Beet Stark-, Mittel- und Schwachzehrer nacheinander ab. Das stammt noch aus Zeiten, als hauptsächlich mit Mist gedüngt wurde. Aber das Prinzip ist immer noch hilfreich. So kann man z. B. bei gut versorgten Beeten in jedem dritten Jahr einfach eine Düngepause einlegen, wenn die Schwachzehrer an der Reihe sind.

Stickstoff lässt sich gut über Hornspäne oder -mehl ergänzen, Kalium mit Patent- oder Vinassekali. Solche Dünger haben den Vorteil, dass man ihre Gehalte genau kennt und gezielt einsetzen kann. Aber grundsätzlich eignen sich dafür z. B. auch Beinwell- und Brennnessel-Jauche hervorragend.

Obstbäume und -sträucher düngt man am besten kurz vor dem Austriebsbeginn. Dann kommen ihnen die Nährstoffe zugute, wenn sich die Jungtriebe und Blätter entwickeln. Dafür eignet sich das schneller wirkende Hornmehl besser als Hornspäne. Beim Obst ist eine gute Kaliumversorgung besonders wichtig, weil sie die Frosthärte verbessert. Obstbäume bilden ihre Wurzeln hauptsächlich im äußeren Bereich der Krone. Deshalb sollten die Dünger vor allem dort ausgebracht werden und nicht direkt am Stamm.

KOMPOSTDÜNGUNG IM ZIERGARTEN

— Ziersträucher und -bäume: Die meisten brauchen kaum Düngung, nachdem sie gut eingewachsen sind. Im Allgemeinen kann man sich bei Gehölzen nach den Faustzahlen für Beerensträucher richten – wobei es aber genügt, diese Mengen nur alle 2 Jahre auszubringen. Ausnahmen sind noch junge, wüchsige Gehölze sowie Sträucher und Hecken, die regelmäßig stark zurückgeschnitten werden: Hier empfehlen sich jährliche Gaben.
— Für Rosen gilt dies erst recht, sie haben unter den Ziergehölzen die höchsten Ansprüche. Sie können schon im Herbst mit einer Mulchschicht aus Kompost versehen werden. Im April erhalten sie die bei den

Starkzehrer: Tomate (1), Paprika (2) und Topinambur (3)

Mittelzehrer: Schwarzwurzel (4), Möhre (5) und Lauch (6)

Schwachzehrer: Knoblauch (7), Schnittlauch (8) und Erbse (9)

☞ FAUSTZAHLEN FÜR DEN NUTZGARTEN

PFLANZENGRUPPE	KOMPOSTMENGE	ERGÄNZUNG
STARKZEHRER-GEMÜSE	Bis 3 Liter/m²	50–150 g Hornspäne/m² 15–30 g Kali/m²
MITTELZEHRER-GEMÜSE	Bis 2 Liter/m²	30–100 g Hornspäne/m² 5–20 g Kali/m²
SCHWACHZEHRER-GEMÜSE	0–1 Liter/m²	0–50 g Hornspäne/m² 0–5 g Kali/m²
ERDBEEREN	1 Liter/m²	20 g Hornmehl/m² im Frühjahr, 30 g im Sommer 5–10 g Kali/m²
BEERENSTRÄUCHER	2–3 Liter pro Strauch	50–100 g Hornmehl und 10–20 g Kali pro Strauch
OBSTBÄUME	3–5 Liter pro Baum	80–120 g Hornmehl und 20–30 g Kali pro Baum

01

02

HEILSAMES KOMPOSTWASSER

Eine pfiffige Anwendung ist Kompostwasser zum Vorbeugen gegen Pilzkrankheiten. Dazu einen Liter Reifekompost in fünf Liter Wasser rühren, eine Woche stehen lassen und täglich umrühren; schließlich durch ein Tuch oder feines Sieb abseihen. Wird dieser Extrakt alle paar Tage wiederholt auf die Pflanzen und den Boden gespritzt, kann das deutlich die Befallsgefahr verringern. Das hat schon bei Tomaten, Gurken, Erdbeeren und Rosen gute Erfolge gezeigt, unter anderem gegen Welkekrankheiten und Mehltau. Kompostwasser können Sie auch zum Angießen und Stärken von Setzlingen und Jungpflanzen verwenden.

Beerensträuchern genannte „Rezeptur" (2–3 l Kompost plus Hornmehl und Kali), gegen Ende Juni dann nochmals die Hälfte dieser Menge. Der öfter empfohlene Kaffeesatz, etwas angetrocknet ausgestreut, bekommt den Rosen tatsächlich: Er fördert besonders die Humusbildung und Regenwurmaktivität. Der leicht saure Kaffeesatz soll auch für Hortensien und Rhododendren gut sein.

— Bei Nadelgehölzen tritt gelegentlich Magnesiummangel auf, der sich z. B. mit Bittersalz kurieren lässt (siehe S. 16).

— Viele Stauden brauchen im Frühjahr höchstens eine Handvoll Kompost, ergänzt mit etwas Kali. Anspruchsvoller sind Prachtstauden wie Rittersporn, Sonnenhut und Herbstchrysanthemen. Sie erhalten im Frühling 2 l Kompost je m² sowie

03

04

20–30 g Hornmehl plus Kali; im Juni dann nochmals Hornmehl oder Brennnessel-Jauche und ein paar Handvoll Kaliumdünger.

— Die meisten Sommerblumen, ob im Beet oder Balkonkasten, gedeihen am besten, wenn sie alle 3 bis 6 Wochen gedüngt werden. Als Dauerblüher benötigen sie vergleichsweise viel Phosphor; zu viel Stickstoff dagegen geht auf Kosten der Blüten. Mehrmalige kleine Kompostgaben kommen dem entgegen. Sie wirken allerdings etwas langsam für die stets hungrigen Blumen. Die volle Blütenpracht lässt sich am besten mit organischem Flüssigdünger aus dem Fachhandel erzielen.

— Für den Rasen gibt es ebenfalls käufliche Biodünger. Doch hier passt auch Kompost hervorragend. Und das zwei- bis dreimal im Jahr, mit rund 10 l pro m²: im Frühjahr gleich zu Wachstumsbeginn, dann wieder im Frühsommer und eventuell nochmals im Spätsommer/Frühherbst. Die ersten zwei Gaben werden jeweils mit 30 g Hornspänen für kräftiges Grün ergänzt – oder alternativ mit Brennnessel-Jauche (1 : 50 verdünnt). Für die Spätdüngung ist stattdessen Kali wichtig (20–25 g/m²).

01 *Gut, wenn im Frühjahr reifer Kompost zur Verfügung steht: Nun wird er überall gebraucht.*

02 *Die prächtigen Lupinen versorgen sich mithilfe von Knöllchenbakterien selbst mit Stickstoff.*

03 *Rosen erhalten schon im Herbst Kompost.*

04 *Schattenstauden wie Farne sind für regelmäßige Kompostgaben besonders dankbar.*

FRUCHTBARE ERDE
— *Wie wir sie bekommen*

Man muss nicht nur seine Pflanzen ganz genau beobachten, sondern auch einen tiefen Einblick in den Boden haben, auf dem sie wachsen. Diesen Blick zu schärfen lädt Sie Franz-Xaver Treml hier ein und gibt einen besonderen Tipp aus der Gärtnerei Treml.

Mist sollte als Mistkompost auf den Boden gelangen und wird dann von den Bodenorganismen gut umgesetzt.

Wie können wir im eigenen Garten das wichtige Bodenleben fördern?

Die Kleinwelt im Boden braucht, ebenso wie die Pflanzenwurzeln, Luft und Wasser sowie einen mittleren pH-Wert um 7. Sie braucht aber auch Nahrung wie leicht zersetzliche organische Stoffe, also Reste von Pflanzen, Hornmehl oder Humus. Das Bodenleben baut sich, sofern wir ihm die Baustoffe Luft, Wasser und Mineralien zur Verfügung stellen, seine Wohnbeschaffenheit selbst auf.

Doch wie profitiert die Pflanze von der Nahrung für die Bodenorganismen?

Ein von Kleinstlebewesen bewohnter Boden ist voll mit mikroskopischen Kanälen und Gängen, die mit nahrhaften Stoffen austapeziert sind. Und das ist die große Chance für die Pflanzenwurzeln, sie dringen mit ihrem haarfeinen Fasern in diese Kanäle und Gänge ein und versorgen sie mit Nährstoffen.

Nebenbei profitieren wir ebenso von dieser Bodenbeschaffenheit, da wir dadurch weniger Arbeit haben: Der Boden braucht

Papier besteht überwiegend aus organischer Masse.

„Kompost aus-bringen beinhaltet für mich die Fütterung des Bodenlebens."

weniger gehackt werden und er verschlämmt nicht so leicht. Dieser Boden kann auch einen starken Gewitterguss vertragen, ohne zusammenzubrechen und speichert so viel wie möglich von dem kostbaren Nass, das er für das Bodenleben und die Pflanzenwurzeln bereithält.

Das klingt ja fast so, als müssten wir nichts mehr machen. Doch gibt es auch etwas zu beachten bei diesem Boden?

Ja, ganz so einfach ist es nicht: im Frühjahr heißt es aufgepasst! Der Boden setzt sich und wird an der Oberfläche feinkrümelig. Es bilden sich feine Haarröhrchen, diese befördern das Bodenwasser durch die Saugkraft an die Oberfläche und es verdunstet. Deshalb muss der Boden, sobald er abgetrocknet ist, gut durchgearbeitet werden und Sie müssen ihn mit einer neuen Schicht Kompost anreichern. Denn wenn der Boden arm an organischen Stoffen und das Bodenleben unterernährt ist, dann verschlämmt der Boden leicht. Nach jedem Regen und längerer Trockenheit sollte er oberflächlich gelockert werden, und Sie sollten natürlich auch das Unkraut bekämpfen.

Also können wir doch nicht nur die Bodenlebewesen arbeiten lassen?

Sie müssen den Kompost eher als Fütterung des Bodenlebens sehen. Ein Mutterboden und alter, reifer Kompost sind deshalb unentbehrliche Bestandteile eines fruchtbaren Gartenbodens. Dauerhumus allein macht den Boden nicht wirklich fruchtbar. Es sollten noch Reste von Pflanzen, Früchten und Stallmist dazukommen.

Wie hoch sollte so eine neue Schicht Kompost sein?

Ausgereifter, nach gesunder Erde duftender Kompost kann in dünnen Schichten angewendet werden. Diese Qualität hat auch einen guten pH-Wert.

Haben Sie noch einen persönlichen Tipp für uns zum Thema Kompost?

Eine Kompost-Methode, die sich für mich bewährt hat, ist der Kompost mit Papier. Das Papier sollte vor dem Aufsetzen gut zerkleinert, durchfeuchtet und mit Stickstoff angereichert werden. So verwerte ich meine gelesenen Zeitungen und bekomme zudem einen fruchtbareren Kompost als Stallmist. Sie sollten von diesem Kompost jedes Jahr eine Schicht von ca. 3–5 cm einbringen, das bringt höchste Erträge bei den Pflanzen.

KOMPOSTIEREN MIT „SUPERWÜRMERN"

Schon im normalen Gartenkompost spielen Kompostwürmer eine wichtige Rolle. Bei der Wurmkompostierung werden sie ganz gezielt gefördert und eingesetzt. So erhält man schon nach wenigen Monaten reifen Kompost, der ausgesprochen reichhaltig und krümelig ist.

WAS KOMPOSTWÜRMER BRAUCHEN

Wärme, aber keine Hitze Kompostwürmer sind bei Temperaturen zwischen 15 und 25 °C am aktivsten. Fröste vertragen sie genauso schlecht wie Hitze über 30 °C. Im hohen Komposthaufen kann es für sie schon zu heiß werden. Das Kompostmaterial wird besser nach und nach in einem geeigneten Behälter aufgeschichtet. Die Würmer fressen sich dann allmählich nach oben durch.

Feuchtigkeit und Dunkelheit Die Würmer mögen es gleichmäßig feucht und sind lichtscheu. Deshalb brauchen die Komposter einen Deckel. Trockenes Material wird, wenn nötig, täglich angefeuchtet.

Lieblingsspeisen Kompostwürmer bevorzugen klein geschnittene Küchen- und Gartenreste und lieben Tee- und Kaffeesatz. Ihnen bekommt gelegentlich auch etwas angefeuchtetes Papier; dieses hilft zudem, Extreme (z. B. Nässe, Säure) auszugleichen.

Sauer macht unlustig Zu viele saure Obstreste, z. B. von Zitronen und Rhabarber, verderben den Kompostwürmern den Appetit. Durch Zugabe von Algenkalk lässt sich ein Säureüberschuss regulieren.

Mit geeigneten Kompostern gelingt das sogar auf engstem Raum, etwa auf dem Balkon, in Kellern, Schuppen oder der Garage. Da die Würmer die organischen Abfälle flott verarbeiten, entstehen kaum unangenehme Gerüche – sofern genug Sauerstoff in den Kompost kommt.

Es ist zwar möglich, aber recht mühsam, die Würmer im Garten aus halb reifem Kompost zu sammeln. Viel einfacher lassen sich Kompostwürmer über den Fachhandel oder das Internet beziehen. Man erhält sie in Packungen mit z. B. 500 oder 1000 Würmern. Nach der ersten Wurmkompostierung verfügt man oft schon über genug Nachwuchs, um nicht ständig neue Würmer zukaufen zu müssen.

FLEISSIGE FRESSER

Der Gewöhnliche Regenwurm (*Lumbricus terrestris*) und seine nächsten Verwandten sind vor allem für die „Arbeit" im Boden zuständig. Die gefräßigen Kompostwürmer (*Eisenia foetida, Eisenia andrei*) gehören zwar zur selben Familie, haben sich aber auf das Leben im Kompost- und Misthaufen spezialisiert. Kompostwürmer ähneln den Regenwürmern, sind aber meist nur 6–10 cm lang und flüchten sehr flink, wenn man sie entdeckt. Im Fachhandel findet man sie teils unter dem Namen „Tennessee Wiggler".
Für die Wurmkompostierung gibt es außerdem die bis 15 cm langen Riesen-Rotwürmer (*Dendrobaena veneta*) zu kaufen. Sie können

Wurmkiste mit Lochboden und Auffangschale.

Würmer bilden nahrhaften Kot.

noch größere Mengen umsetzen, kommen allerdings nicht mit allen Abfällen so gut zurecht wie die *Eisenia*-Würmer.

WURMKISTE UND WURMFARM

Die Wurmkiste aus Holz ist der „Klassiker" für das Kompostieren auf Balkon, Terrasse und in Abstellräumen. In der einfachsten Form handelt es sich um Holztruhen mit Deckel. Mittlerweile sind etliche Varianten im Angebot: z. B. mit Rollen oder mit Schubladen, bei denen die Würmer durch Lochböden hochkriechen. Das entspricht im Prinzip schon einer sogenannten Wurmfarm, bei der mehrere flache Wannen übereinander angeordnet sind.

KOMPOSTIEREN IN DER WURMKISTE

Als optimal gelten Kisten aus offenporigem, unbehandeltem Holz. Bei Kunststoffbehältern sind kleine Luftlöcher vorteilhaft. Eine Kiste sollte wenigstens 80 cm lang, 40 cm breit und 35 cm hoch sein, um die Küchenabfälle von zwei Personen zu kompostieren.

Auf den Kistenboden kommt zunächst eine rund 3 cm hohe Sandschicht als Dränage, darüber zerknülltes, angefeuchtetes Zeitungspapier und am besten noch eine Lage aus humosem Gartenboden oder Reifekompost. Anschließend füllt man mindestens 10 cm hoch Abfälle auf, setzt die Kompostwürmer ein, deckt sie mit Erde oder Zeitungspapier ab und feuchtet alles gründlich mit einem Wasserzerstäuber an. Dann wird der Deckel geschlossen.

In der Folgezeit kann man die Würmer immer wieder „füttern", bis die Kiste voll ist – täglich mit maximal 200 g Frischabfällen. Ist der Inhalt zu trocken, wird er übersprüht, ist er zu nass, gibt man zerknülltes Papier hinzu. Überstreuen mit Algenkalk oder Gesteinsmehl beugt unangenehmen Gerüchen vor. Wenn alles gut läuft, können Sie nach 3 bis 4 Monaten den fertigen Wurmkompost entnehmen.

Etwas ausgefeilter ist ein Zweikammersystem, bei dem die Kiste durch ein gelochtes Brett oder Drahtgitter in zwei Hälften geteilt wird.

Kompostwürmer können im Fachhandel erworben werden.

In der Wurmfarm werden die Würmer zunächst in der unteren Wanne im Substrat angesiedelt.

So können die Würmer nach Verarbeiten der Abfälle in der ersten Kammer gleich in die nächste umziehen. Diese sollte man allerdings erst befüllen, wenn die andere Kammer schon fast „durchgefressen" ist – denn alte, schlimmstenfalls sogar angeschimmelte Abfälle mögen die Würmer absolut nicht.

DIE KLEINE WURMFARM

Wurmfarmen sind auch als Ebenen- oder Etagen-Komposter bekannt und meist aus Kunststoff. Sie bestehen aus drei bis vier übereinander angebrachten Behältern und brauchen kaum mehr Platz als eine Wurmkiste. Im untersten Behälter sammelt sich der sogenannte Wurmtee aus Sickerwasser und flüssigen Ausscheidungen – ein wunderbarer Flüssigdünger. Die Kompostierwannen darüber sind die „Arbeitsplätze" der Würmer und haben einen gelochten Boden. Obenauf kommt ein Deckel. Je nach Größe der Behälter setzt man 500 bis 1000 (bzw. 200–400 g) Würmer ein. Oft werden die Wurmfarmen schon mit einem Kokosziegel geliefert, der nach Auflösen in Wasser als Substrat für die Würmer dient.

Zum Lieferumfang solcher Wurmfarmen gehört teils schon ein Karton, mit dem man den Boden der untersten Kompostierwannen auslegt; ansonsten nimmt man dafür Zeitungspapier. Darüber verteilt man das Kokossubstrat, streut die Würmer aus und wartet, bis sie sich im Substrat verkrochen haben. Nun können die Abfälle verteilt werden, anfangs in kleinen, dann zunehmend in etwas größeren Mengen. Darüber kommt Zeitungspapier, Pappe oder eine mitgelieferte Abdeckmatte aus Hanf.

Ist die untere Kompostierwanne voll, kommt die darüber liegende an die Reihe. Vorher wird die Abdeckmatte entfernt, um sie schließlich über die Abfälle in der mittleren Wanne zu legen. Die Würmer wandern über den gelochten Boden nach oben, und unten kann die Wanne mit dem fertigen Kompost entnommen werden. Die nächsthöhere wird nun eine Etage tiefer eingeschoben und die geleerte oben wieder eingehängt.

WURMKOMPOSTIE-RUNG IM GARTEN

Im üblichen Gartenkompost wird es den Würmern oft zu heiß und nicht selten auch zu trocken. Und draußen gibt es viele Tiere,

Wenn sich die Würmer eingegraben haben, wird kontinuierlich etwas Kompostmaterial gefüttert.

Haben sich alle Würmer nach oben durchgefressen, kann unten „geerntet" werden.

die Kompostwürmer zum Fressen gern haben, von Wühlmäusen über Maulwürfe bis zu Vögeln. Dem lässt sich mit den nachfolgend beschriebenen Lösungen vorbeugen. Wählen Sie draußen einen möglichst warmen, aber halbschattigen Platz. Bei kühlem Wetter empfiehlt es sich, Freiland-Kisten von außen zu isolieren, z. B. mit Jutesäcken.

KÄSTEN UND KISTEN

Eine einfache Lösung sind frühbeetähnliche, 40–50 cm hohe Kästen aus Brettern mit Verankerungspfosten an den Ecken. Die Länge und Breite ist beliebig, je nach vorhandenem Platz. Der Boden wird mit einem feinmaschigen Drahtgitter als Schutz gegen hungrige Mitesser abgedeckt. Das Gitter sollte groß genug sein, um es wenigstens 20 cm an den Seitenwänden hochzuziehen. Dann brauchen Sie nur noch ein paar passende Bretter zum Abdecken der Oberfläche.

Eine Alternative sind Wurmkisten mit Deckel, wie sie z. B. auch für den Balkon angeboten werden. Damit nützliche Kleinlebewesen aus dem Boden zuwandern können, werden sie am besten an der Unterseite mit Bohrlöchern versehen. So kann auch überschüssiges Wasser ablaufen.

DER WURMKOMPOST-
WANDERKASTEN

Diese altbewährte Holzrahmen-Konstruktion wurde als „Wanderkasten" bekannt, weil die Kompostwürmer von einer Abteilung in die nächste wandern – wie bei einer Wurmkiste mit Zweikammersystem, aber im größeren Maßstab. Durch eine einfach aufgemauerte Trennwand aus Lochziegelsteinen in der Kastenmitte schafft man zwei Kammern. So können die Würmer nach Durcharbeiten der einen Kammer über die Ziegelsteinlöcher in die andere wandern. Große Kästen lassen sich auch mit drei oder vier Kammern anlegen. Da im Garten viele Bodenlebewesen „mithelfen", kann man mehr Abfälle einfüllen als z. B. in einer Balkon-Wurmkiste.

Für einen optimalen Wanderkasten wird der Holzrahmen bis 60 cm tief in den Boden eingesenkt und ragt oben nur rund 20 cm heraus. So sind die recht kälteempfindlichen Würmer durch die Bodenwärme geschützt und bleiben auch bei kühlerem Wetter aktiv. Dafür ist zunächst das Ausheben einer entsprechend großen Grube nötig, die mit einem Wühlmausschutzgitter ausgelegt wird. Zum Schluss erhält die Konstruktion einen passenden Deckel.

VIELSEITIGE BIODÜNGER
— *Naturkost für Pflanzen*

GRÜNDÜNGER FÜR DIE BODENFITNESS

Die Gründüngung bildet zusammen mit Kompost und Mulchen das Spitzenteam der Bodenverbesserer und Humusbildner. Gründüngungspflanzen schließen mit ihren Wurzeln auch tiefere Bodenschichten auf und kommen nach dem Absterben den nachfolgenden Pflanzen zugute.

Für eine Gründüngung werden schnellwüchsige, blattreiche Pflanzen ausgesät. Je nach Art und Saatzeit können sie zudem mit hübschen Blüten aufwarten, die gern von Bienen und Hummeln besucht werden. So kommen sie nebenbei auch den Obstgehölzen und Fruchtgemüsen zugute, weil sie die Bestäuber in den Garten locken. Doch vor der Samenbildung mäht man die Pflanzen besser ab, sofern sie beim Frosteintritt nicht ohnehin abfrieren. Die Pflanzenreste reichern beim Verrotten den Boden mit Humus und Nährstoffen an und aktivieren das Bodenleben.

GRÜNE BODENKUR

Eine Gründüngung eignet sich hervorragend zum Erschließen noch unbearbeiteter Flächen und als Bodenkur für strapazierte und etwas schwierige Beete. Neubaugrundstücke, bei denen der Boden durch Baumaschinen verwüstet und verfestigt wurde, lassen sich durch mehrmalige Einsaat tiefwurzelnder Pflanzen in gute Gartenstandorte verwandeln. Gründüngung kann sehr leichte, sandige Böden ebenso verbessern wie schwere, dichte Tonböden. In Bereichen, die erst noch bepflanzt werden sollen, und in vorübergehend leer stehenden Beeten schützt der Gründüngerbewuchs vor Bodenabtrag durch Wind und

Regen. Ebenso beugt er Bodenverdichtung und -verschlämmung sowie dem Auswaschen von Nährstoffen vor. Zugleich unterdrückt die Gründüngung den Aufwuchs unerwünschter Wildkräuter.

Gründüngungspflanzen wie Lupinen wurzeln so kräftig in die Tiefe, dass sie selbst verdichtete Böden lockern können. Lupinen gehören ebenso wie Kleearten und Wicken zu den Schmetterlingsblütlern: Sie sammeln mithilfe von Knöllchenbakterien Stickstoff, der nach ihrem Absterben den Gartenpflanzen zur Verfügung steht. Andere Gründünger, z. B. Tagetes, können schädliche Nematoden im Boden unterdrücken. Schließlich lassen sich abgemähte Gründüngungspflanzen auch prima zum Mulchen nutzen.

Lupinen lockern als Tiefwurzler den Boden auf.

Studentenblumen können schädliche Nematoden reduzieren.

GRÜNDÜNGER FÜR ALLE FÄLLE

Unter den in der Übersicht vorgestellten Pflanzen finden sich „Spezialisten" für verschiedene Bodenarten und -probleme. Neben den dort genannten Arten kommen beispielsweise auch Spinat und Feldsalat als Gründüngung infrage. Der Fachhandel bietet zudem Samenmischungen aus verschiedenen Pflanzen an, sodass die unterschiedlichen Vorteile und Wirkungen kombiniert werden.
In der Übersicht sind auch die Pflanzenfamilien genannt, denn darauf gilt es gerade im Nutzgarten zu achten. Werden nach einer Gründüngung Gemüse aus derselben Familie gesät, kann das nachteilige Wirkungen haben. So sollten z. B. nach Schmetterlingsblütlern wie Klee keine Erbsen oder Bohnen kommen und nach Kreuzblütlern wie Senf keine Kohlarten oder Rettiche. Bienenfreund *(Phacelia)*, Winterroggen, Lein und Buchweizen dagegen lassen sich überall einsetzen, da es kaum Überschneidungen mit Gemüsefamilien gibt.

DIE GRÜNDÜNGUNGS-PRAXIS

Gründünger lassen sich je nach Art zwischen März und September säen, Winterroggen geht sogar noch bis etwa Mitte Oktober. Die Flächen werden wie bei anderen Aussaaten möglichst gut gelockert und eben gerecht. Man sät am besten breitwürfig und vermischt zuvor feine Samen mit Sand, um sie möglichst gleichmäßig auszustreuen. Die Samen werden eingeharkt oder mit Erde überstreut und bis zum Anwachsen gut feucht gehalten. Die dicht gesäten Bodenverbesserer bilden recht bald einen geschlossenen Teppich. Frostharte Arten können bis ins Frühjahr auf dem Beet bleiben und so über den Winter den Boden schützen. Soll es allerdings im Gemüsegarten zeitig losgehen, sind solche Gründünger weniger geeignet: Sie brauchen im Frühling noch rund 4 bis 6 Wochen bis zum vollständigen Zersetzen. Nicht winterfeste Spätsaaten wie Ölrettich lässt man einfach abfrieren. Neigen sie allerdings schon zur Samenbildung, mäht man sie besser rechtzeitig ab. Oft schafft das schon ein kräftiger Rasenmäher. Andernfalls braucht man dafür eine Hand- oder Motorsense. Auf dem Beet verbleibende Pflanzenreste lässt man ein paar Tage anwelken und arbeitet sie dann oberflächlich ein, am besten mit einer Grabegabel.

Buchweizen ist anspruchslos und wächst schnell.

☞ GRÜNDÜNGUNGSPFLANZEN

PFLANZENNAME	SAATZEIT	HINWEISE
SCHMETTERLINGSBLÜTLER (STICKSTOFFSAMMLER)		
WEISSE LUPINE *Lupinus albus*	April bis September	Tiefwurzler, für lehmige, kalkhaltige Böden; nicht winterhart
BLAUE LUPINE *Lupinus angustifolius*	April bis September	Tiefwurzler, für sandige bis mittlere Böden; nicht winterhart
LUZERNE *Medicago sativa*	März bis August	Tiefwurzler, besonders für kalkhaltige Böden; winterhart
SERRADELLA *Ornithopus sativus*	Mai bis August	Besonders für sandige Böden; nicht winterhart
INKARNATKLEE *Trifolium incarnatum*	Juli bis September	Bildet viel Grünmasse und recht tiefe Wurzeln; winterhart
PERSERKLEE *Trifolium resupinatum*	März bis August	Auch für sandige Böden; nicht winterhart
FUTTERWICKE *Vicia sativa*	Mai bis August	Schnellwüchsig, gute Lockerung durch intensive Durchwurzelung; nicht winterhart
ZOTTELWICKE *Vicia villosa*	August bis September	Bildet viel Grünmasse und recht tiefe Wurzeln; winterhart
KORBBLÜTLER		
RINGELBLUME *Calendula officinalis*	März bis August	Kann Nematoden etwas eindämmen; nicht winterhart
STUDENTENBLUME *Tagetes*-Arten	Mai bis September	Wirkt gegen Nematoden; nicht winterhart
KREUZBLÜTLER		
ÖLRETTICH *Raphanus sativus*	April bis September	Tiefwurzler, manche Sorten wirken gegen Nematoden; nicht winterhart
GELBSENF *Sinapis alba*	März bis September	Sehr schnellwüchsig, manche Sorten wirken gegen Nematoden; nicht winterhart
AUS ANDEREN PFLANZENFAMILIEN		
BUCHWEIZEN *Fagopyrum esculentum*	Mai bis August	Auch für sandige Böden; nicht winterhart
LEIN *Linum usitatissimum*	April bis Juli	Tiefwurzler; nicht winterhart
BIENENFREUND *Phacelia tanacetifolia*	März bis August	Sehr gute Bienenweide; mäßig winterhart
WINTERROGGEN *Secale cereale*	September bis Mitte Oktober	Im Herbst letztmögliche Gründüngungssaat; winterhart

MULCH: DIE HUMUSDECKE

Nackter Boden kommt in der freien Landschaft nur an sehr unwirtlichen oder gestörten Standorten vor. Wo Pflanzen wachsen und sich auch nur ein wenig ausbreiten können, bedecken ihre abgestorbenen Teile die Umgebung – von einer dünnen Humusauflage auf Felsen bis zur dicken Streu am Waldboden.

Das Mulchen folgt diesem Naturprinzip: Freier Boden unter Gehölzen, Stauden und zwischen Gemüsereihen wird mit pflanzlichen Überresten bedeckt. Diese zersetzen sich zu Humus und regen das Bodenleben an. Zudem schützt die Mulchdecke die Wurzeln und Bodenorganismen vor Kälte und Hitze. Sie beugt dem Verkrusten und Verschlämmen der Oberfläche vor und reduziert die Verdunstung. So kann das Mulchen oft auch das Hacken ersparen, beispielsweise im Gemüsegarten und in Blumenbeeten. Besonders vorteilhaft ist das bei Flachwurzlern wie Beerensträuchern, die keine tiefe Bodenbearbeitung vertragen.

☞ *Checkliste*

WERKZEUGE UND HILFSSTOFFE

- ☐ Rasenschnitt
- ☐ Herbstlaub
- ☐ Blumen- und Gemüsestängel
- ☐ Abgemähte Gründüngungspflanzen
- ☐ Stroh und Holzhäcksel
- ☐ Rindenmulch
- ☐ Kakaoschalen-Mulch
- ☐ Miscanthus-Mulch

GEEIGNETE MULCHMATERIALIEN

Manche Gartenabfälle lassen sich gut als Mulch nutzen. Achten Sie aber darauf, dass sie nicht von Krankheiten befallen sind.

— Rasenschnitt ist ein bewährtes Mulchmaterial; erst recht, wenn man ihm etwas Holzhäcksel untermischt. Er muss allerdings recht häufig erneuert werden.

— Herbstlaub fällt im Spätjahr genau richtig, um damit den Wurzelbereich von Gehölzen, Stauden, mehrjährigen Kräutern und Wintergemüse abzudecken und vor Frost zu schützen.

— Sofern einen der Anblick nicht stört, kann man auch klein geschnittene Blumen- und Gemüsestängel zum Mulchen verwenden, außerdem abgemähte Gründüngungspflanzen.

— Stroh und Holzhäcksel neigen als grob strukturierte Materialien wenig zum Vernässen. So lassen sie sich besonders gut einsetzen, um am Boden reifende Erdbeeren, Gurken und Zucchini vor dem Verschmutzen und Faulen zu schützen. Sie entziehen allerdings beim Verrotten dem Boden Stickstoff. Deshalb sind Ausgleichgaben, etwa mit Hornspänen, ratsam.

— Für Rindenmulch gilt dies ebenso; er wirkt zudem versäuernd. Zum Ausgleich sollte man Algenkalk und Hornspäne untermischen. Rindenmulch unterdrückt Wildkräuter besonders gut – was aber auch darauf hinweist, dass er nicht von allen Pflanzen vertragen wird. Unter robusten, eingewachsenen Gehölzen und Stauden ist er am besten aufgehoben.

01

02

03

— Kakaoschalen-Mulch, vorzugsweise aus Bioanbau, und Miscanthus-Mulch (aus Chinaschilf) werden zunehmend als pflanzenverträglichere Alternativen angeboten. Miscanthus-Mulch soll sogar Schnecken fernhalten.

DIE MULCHPRAXIS

Mulchauflagen können einen unangenehmen Nachteil haben: Unter ihnen verkriechen sich gern Schnecken. Deshalb beginnt man mit dem Mulchen von Gemüse und Stauden besser erst gegen Mitte/Ende Mai, nachdem die erste Schneckenplage nachgelassen hat und die Pflanzen gut entwickelt sind. Auch bei Obstgehölzen lohnt sich die Geduld: Die nächtliche Wärmeabstrahlung des nackten Bodens kann Blütenschäden durch Spätfröste vorbeugen. Wenn dann keine frostigen Nächte mehr drohen, können Sie die Mulchschicht auf der Baumscheibe ausbringen und bis zum nächsten Frühjahr immer wieder erneuern. Über Winter schützt eine etwas dickere Auflage den Wurzelbereich. Im Frühling arbeitet man die Mulchreste leicht ein oder gibt sie auf den Kompost.

Bringen Sie den Mulch auf zuvor gelockertem Boden aus, je nach Material und Pflanzengröße etwa 2–6 cm hoch. Wo es öfter Ärger mit Wühl- und Feldmäusen gibt, wählt man besser eine recht dünne Schicht. Bei zarten Sämlingen und Jungpflanzen empfiehlt es sich, den Mulch noch nicht ganz an die Sprossbasis heranzuziehen.

01 *Rasenschnitt verrottet recht schnell und setzt dann auch Nährstoffe für die Gemüse frei.*

02 *Hier unterdrückt Stroh auf freien Beetreihen die Wildkräuter. Die Gemüse sind mit feinerem Wiesenschnitt gemulcht.*

03 *Auch in Blumenbeeten leistet eine Rindenmulchschicht gute Dienste.*

DÜNGENDE DECKE
— *Für Pflanzen*

In der Raritätengärtnerei Treml in Arnbruck wird generell mit viel Mulchmaterialien gearbeitet, um robuste Pflanzen heranzuziehen. Die deckende Schicht dient den Pflanzen dort primär als natürlicher Düngerspender.

Stroh ist im Hobbybereich eine praktische und schnell ausgebrachte Mulchauflage.

Mit welchen Mulchmaterialien werden in der Gärtnerei Treml gearbeitet?

Winterharte Kräuter werden bei uns mit einer Kompostschicht versorgt, bei wurzelempfindlichen Kräutern wie Thymian spielt die Beigabe von Sand eine wichtige Rolle.

Wie wird diese besondere bodendeckende Schicht bei Ihnen hergestellt?

In einer Gärtnerei fallen immer Erdreste an, also Substrat, das wir in einem Jahr nicht verkaufen. Dieses wird verwendet und in einer Miete angesetzt. Dazu kommt Häckselgut von Sträuchern (es verrottet recht schnell), damit das Ganze nicht zu sauer wird.

Gibt es hierbei etwas Wichtiges zu beachten?

Wir überprüfen immer den pH-Wert unseres Bodens, das ist dabei sehr wichtig. Er darf nie unter 5 sein (die meisten Pflanzen brauchen ja einen Bereich zwischen 6 und 7), sonst muss kohlensaurer Kalk dazu gegeben werden. Aber für die Einstellung des richtigen den pH-Wertes bekommt man mit der Zeit ein Gefühl.

Wie lange dauert es, bis diese wertvolle Mulchschicht herangereift ist?

Die aufgesetzte Miete bleibt bei uns in der Gärtnerei ca. 1 Jahr lang liegen. Dann wird das Material durch ein Sieb gegeben und die groben Teile werden entfernt. So entsteht eine absolute Traumerde für die Pflanzen, und mit dieser Düngeschicht hat man schon viel für die Versorgung seiner Pflanzen getan. Aber wie gesagt, man muss den pH-Wert und natürlich die Bodenverhältnisse im Auge behalten.

Und in welcher Dicke bringt man die Mulchschicht aus?

Wir haben mit einer Dicke von etwa 5 cm in den Freilandbeeten gute Erfahrungen gemacht.

Sie haben, bei bestimmten Kulturen, von der Zugabe von Sand gesprochen. Welche Erfahrungen haben Sie hiermit gemacht?

Kräuter wie Thymian haben empfindliche Wurzeln und neigen zu Wurzelkrankheiten. Daher kann es sinnvoll sein, bei Thymian Sand sowie etwas Steinmehl beizugeben. Das Steinmehl übernimmt eine leichte Düngefunktion und wirkt desinfizierend. So entstehen auch weniger Wurzelkrankheiten.

Was für eine Rolle spielt dabei der eigene Standort?

Bei uns im Bayerischen Wald sind die Winter oft sehr lange, d.h. auch für winterharte Kräuterarten beispielsweise ist es wichtig, dass sie in einem trockenen, durchlässigen

„Lupinen und Bienenfreund sind doppelt wertvoll: für Boden und Bestäuberinsekten."

Wenn wir Gründüngerpflanzen aussäen, fördern wir damit oft auch Nützlinge als Gegenspieler von Schädlingen.

Boden stehen. Als Sand eignet sich ganz normaler Fluss-Sand. Natürlich muss man schauen, welche Bodenvoraussetzungen man hat.

Ein Beispiel dazu aus Ihrer Praxis?

Wir haben ein Kräuterbeet auf über 2000 m mit winterharten Arten angelegt. Der Boden war lehmig und diese Mulchgemisch daher dort sehr wertvoll. Die Sandzugabe schützt die Pflanzen dann auch bei länger anhaltendem Regen vor Fäulnis und vermindert Staunässe. Wir haben hierauf bei uns in der Gärtnerei streng geachtet, daher gab es nie Pflanzen, die verfault sind.

Welche Bedeutung hat für Sie der Mulcheinsatz gegen Beikräuter?

In unserer Erwerbsgärtnerei mit über 3 000 Pflanzen spielt die Mulchdecke aus Pflanzenmaterialien gegen die Beikrautbekämpfung eine untergeordnete Rolle. Wir achten vorbeugend sehr darauf, dass Samenunkräuter frühzeitig entfernt werden. Das ist am effizientesten.

Presskuchen aus den Samen des Neembaums sind ein beliebter Biodünger-Grundstoff.

BIODÜNGER AUS DEM HANDEL

Wer sich vor rund 25 Jahren im Gartenmarkt nach Biodüngern umsah, hatte die Regale schnell „abgeklappert". Da gab es bestenfalls Guano, Horn-, Knochen- und Blutmehl, Gesteinsmehle, kohlensaurer oder Algenkalk, eventuell noch einen organischen Volldünger oder getrockneter Rinderdung. Und bald verengte sich das Angebot noch mehr.

Denn in den 1990er Jahren trat BSE auf, die schreckliche, als „Rinderwahn" bekannt gewordene Infektionskrankheit. Da hierbei verfütterte Tiermehle eine üble Rolle spielten, gerieten auch Dünger aus Schlachtabfällen in Verdacht. Bei Blut- und Knochenmehl gab es zwar keinen Befallsnachweis; sie sind heute, streng kontrolliert, auch wieder für Hobby-

gärtner erhältlich. Doch die Bio-Anbauverbände haben diese Dünger seit damals nicht mehr zugelassen. Nur Hornspäne und -mehl blieben verdachtsfrei.

Aber als Naturgärtner ist man auch kaum noch auf Blut- oder Knochenmehl angewiesen, weil mittlerweile ein umfangreiches Angebot an Biodüngern zur Verfügung steht.

ROHSTOFFE, ZUTATEN, MISCHUNGEN

Melasse und Vinasse, Leder-, Federmehl und Traubenkerne, Neempresskuchen, Schafwolle: Das ist nur ein kleiner Auszug aus den

Rohstoffen, die in Biodüngern Verwendung finden. Das meiste ist auch im professionellen Bioanbau zugelassen.

Allerdings wurden noch längst nicht alle Mittel, Rohstoffe und Zutaten systematisch untersucht. In Tests von Verbrauchermagazinen zeigte sich, dass manche dieser Produkte deutlich weniger Nährstoffe enthielten als angegeben. Hier und da wurden sogar Schadstoffe gefunden. Das lässt sich sicher nicht verallgemeinern. Doch man kann bei der Angebotsfülle schwer sagen, was auf Dauer von Bedeutung bleibt. Und wenn „Bio" auf dem Dünger steht, heißt das noch lange nicht, dass die pflanzlichen oder tierischen Rohstoffe aus der Biolandwirtschaft stammen.

Grundsätzlich kann man die käuflichen Biodünger nach zwei Gesichtspunkten unterscheiden:

— Art der Rohstoffe: Diese sind entweder pflanzlichen, tierischen oder mineralischen Ursprungs. Hersteller berücksichtigen zunehmend die Wünsche von Veganern: So kann man auch etliche Dünger wählen, die keinerlei tierische Stoffe enthalten.

— Einzel- oder Mehrnährstoffdünger: Dünger, die hauptsächlich ein oder zwei Nährstoffe zur gezielten Ergänzung enthalten, oder Dünger mit einem ausgewogenen Verhältnis von Haupt- und Spurennährstoffen, die sich als Volldünger eignen.

VERBREITETE BIODÜNGER

Die meisten der hier vorgestellten Düngertypen haben sich schon lange bewährt. Aber auch ein paar eher fragwürdige Mittel werden angesprochen: Es ist gut, ihre Nachteile zu kennen.

Geeignete Kalkdünger sind im Zusammenhang mit dem pH-Wert auf Seite 22–23 genannt.

STICKSTOFFREICHE DÜNGER

Die „Klassiker" sind hier Hornspäne, Horngrieß und das schneller wirkende Hornmehl mit rund 14 % Stickstoffgehalt. Ähnliche Gehalte bieten Dünger aus Schweineborsten (Haarmehlpellets) oder Tierproteinen, mit hohem Anteil an Ledermehl oder Zuckerrübenextrakt. Dazu kommen Dünger, deren ansehnlicher Stickstoffgehalt aus einer Mischung mehrerer Rohstoffe resultiert.

PHOSPHORREICHE DÜNGER

Der wichtigste Phosphordünger im Bioanbau ist weicherdiges Rohphosphat mit rund 25 % Phosphat. Ihrem natürlichen Vorkommen

Traubentrester und -kerne dienen oft als vegane Dünger.

Pellets aus Schafwolle gelten als gute Langzeitdünger.

entsprechend enthalten solche Dünger oft auch viel Kalk und dazu Magnesium. Ein grundsätzliches Problem: Je mehr Kalk im Boden und je höher der pH-Wert, desto schlechter wird das Rohphosphat für die Pflanzen verfügbar. Außerdem ist das Phosphat an seinen Lagerstätten oft mit Uran oder Cadmium vermengt.

Guano wird aus Verwitterungsprodukten von Seevogel- oder auch Fledermauskot an den Küsten Südamerikas und Afrikas gewonnen. Er besteht hauptsächlich aus Calciumphosphat (bis 30 %), enthält zudem Stickstoff und wird oft mit Kalium und Magnesium angereichert. Eigentlich ein wunderbarer Naturdünger; doch sein jahrzehntelanger Abbau hat auf den Herkunftsinseln zu einer Bedrohung der Vogelwelt geführt. Außerdem fand man bei Analysen schon öfter Schwermetalle in Guanodüngern. Im strengen Profi-Bioanbau werden sie nicht mehr verwendet.

Im Hausgarten ist der oft recht phosphorreiche Kompost der beste Lieferant für diesen Nährstoff.

KALIUMREICHE DÜNGER

Die höchsten Kaliumgehalte von 50 % weist natürlich vorkommendes Kaliumsulfat auf; Kalimagnesia, auch bekannt als Patentkali,

enthält 30 %. Aber auch das pflanzliche Vinasse-Kali, ein Nebenprodukt der Zuckerrübenverarbeitung, hat beachtliche 20–40 % zu bieten.

MAGNESIUMREICHE DÜNGER

Hier spielen Kieserit mit rund 25 % Magnesium und Bittersalz (16 %) die größte Rolle. Beide sind natürlich vorkommende Magnesiumsulfate und damit zugleich Schwefeldünger. Auch manche Kalkdünger wie Dolomit und Rothaarkalk enthalten viel Magnesium.

Schafwolle lässt sich als düngende Mulchschicht nutzen.

Dünger wie Hornspäne arbeitet man oberflächlich ein.

MEHRNÄHRSTOFFDÜNGER

Biologische Mehrnährstoffdünger sind meist aus einer Handvoll verschiedener Zutaten gemixt. Wichtige, oft verwendete Komponenten sind beispielsweise Zuckerrübenmelasse, Hornmehl, Traubentrester, Ölkuchenmehl und zerkleinerte Holzreste aus dem Sägewerk. Rizinusschrot stammt aus den Samen des Wunderbaums und ist ein Pressrückstand aus der Herstellung von Rizinusöl. Er bietet eine ausgewogene Mischung an Haupt- und Spurennährstoffen, ist allerdings im Profi-Bioanbau nicht mehr zugelassen. Denn die Rizinussamen enthalten das hochgiftige Rizin. Das soll zwar durch starkes Erhitzen des Schrots unschädlich gemacht werden, dennoch starben gelegentlich schon Hunde, die Dünger mit Rizinusschrotdünger gefressen hatten. Vielseitige Spurennährstoffdünger, die gleich eine ganze Reihe an Spurenelementen von Bor bis Zink bieten, sind meist eine Mischung aus Pflanzenextrakten und Mineralien.

GESTEINSMEHLE

Diese fein zermahlenen Steinpulver werden häufig aus Basalt und Diabas gewonnen, des Weiteren z. B. aus Dolomit, Granit und Lavagestein. Mit dem Begriff „Urgesteinsmehle" werden immer mehr unterschiedliche Gesteinsarten beworben. Die sind jedoch, nüchtern betrachtet, kaum „uriger" als andere, oft gehaltvollere Gesteine, die z. B. für Magnesium- und Kalkdünger abgebaut werden. Gesteinsmehle haben oft eine vielfältige Nährstoffzusammensetzung, wobei besonders die Spurenelemente den Boden bereichern können. Die Gehalte an Hauptnährstoffen sind allerdings eher bescheiden. Deshalb werden sie nach dem Düngemittelgesetz nur als „Bodenhilfsstoffe" eingestuft.
Und hier zeigen sie auch ihre Stärken: durch Verbessern der Bodenstruktur und Verstärken der Wirkung anderer Biodünger, durch

Hornmehl ist ein recht schnell wirkender Stickstoffdünger.

Fördern der Humusbildung, als Zugabe zu Kompost und Pflanzenauszügen, die nebenbei geruchsmindernd wirkt. Gesteinsmehle können zudem die Widerstandskräfte der Pflanzen verbessern. Als Abwehrmittel gegen Pilzbefall und Schädlinge wirken sie vor allem, wenn man sie fein zerstäubt über Pflanzen und Boden verteilt.
Auch Tonmehle wie Bentonit zählen zu den Gesteinsmehlen. Bei leichten, sandigen Böden verbessert Bentonit nach wiederholtem Einarbeiten deutlich die Wasser- und Nährstoffspeicherung. Es kann auch bei der Kompostierung eingestreut werden und so z. B. die Nährstoffauswaschung verringern. Man sollte Tonmehle allerdings nur sehr dünn ausstreuen, damit die Boden- und Kompostteilchen nicht übermäßig verkleben.

PFLANZENAUSZÜGE
— *Zum Düngen, Stärken und Schützen*

BRÜHEN, JAUCHEN, TEES & CO.

Brühen und Jauchen aus Garten- und Wildpflanzen gehören schon lange zum bewährten Repertoire des Biogartens. Vor allem Jauchen, etwa aus Brennnesseln, sind hervorragende Biodünger. Andere Pflanzenauszüge helfen, Schädlinge und Krankheiten im Zaum halten.

Schon beim Kompostieren sowie mit Gründüngung und Mulchen machen wir uns die Nähr- und Inhaltsstoffe von Pflanzenresten zunutze. Beim Herstellen von Brühen, Jauchen und ähnlichen Zubereitungen geschieht das noch gezielter: Durch Lösen in Wasser, Gärung oder Kochen werden die wertvollen Substanzen aus Blättern, Blüten und Wurzeln freigesetzt. So können wir sie in konzentrierter Form und besonders effektiv einsetzen.

NÄHRSTOFFE UND ABWEHRSTOFFE

Düngejauchen werden meist aus nährstoffreichem Kraut von wüchsigen Pflanzen wie Beinwell hergestellt. Sie entstehen durch intensive Mitarbeit von Mikroorganismen, die eine „lebhafte" Gärung bewirken. So erhalten wir am Ende gehaltvolle Bio-Flüssigdünger, angereichert mit Nährstoffen wie Stickstoff, Kalium und Spurenelementen.
Pflanzen bilden und enthalten aber noch weitere wichtige Substanzen, die nichts mit ihrem Wachstum und Stoffwechsel zu tun haben: die sogenannten sekundären Pflanzenstoffe. Die sind uns von Würz- und Heilkräutern wohlvertraut, ebenso von schmackhaftem, gesundem Gemüse und Obst: z. B. ätherische Öle, Senföle, Flavonoide, Bitter- und Scharfstoffe. Teils werden sie gebildet,

um Insekten zur Bestäubung anzulocken – vor allem aber, um Schädlinge fernzuhalten und Pilzkrankheiten einzudämmen.
Somit „produzieren" viele Pflanzen von Natur aus ihre eigenen Stärkungs- und Schutzmittel. Und die lassen sich ebenso wie die Nährstoffe in selbst hergestellten Pflanzenauszügen konzentriert nutzen, z. B. in Brühen oder Tees.

FLÜSSIGE PFLANZENNAHRUNG

Die wichtigsten Pflanzen für ergiebige Biodünger sind:

— Beinwell (→ S. 74)
— Brennnessel (→ S. 76)
— Giersch (→ S. 82)
— Löwenzahn (→ S. 92)
— Tomate (→ S. 108)

Jauche aus Holunderblättern kann Wühlmäuse vertreiben.

Zum Düngen wird ihr Kraut meist zu einer Jauche vergoren. Doch solche Jauchen sind nicht nur Düngerlösungen: Sie können z. B. auch Gerbstoffe und Kieselsäure enthalten. Damit stärken sie nebenbei die Widerstandskräfte gegen Schaderreger und fördern teils auch das nützliche Bodenleben. So haben diese selbst hergestellten, kostenlosen Biodünger noch einiges mehr zu bieten als käufliche Flüssigdünger.

Jauchen aus Beinwell und Brennnessel zählen mit ihrem hohen Stickstoff- und Kaliumgehalt zu den „Klassikern" im Biogarten. Dies nicht zuletzt, weil sie reichlich Blattmasse bilden und schnell nachwachsen. Das tun aber auch andere Pflanzen, die sich von selbst im Garten breitmachen – und als Unkräuter lästig werden können. Im Bioanbau spricht man übrigens treffender von Beikräutern, Kulturbegleitern oder auch einfach von Wildkräutern.

Egal, wie man sie nennt: Warum nicht einfach zwei Fliegen mit einer Klappe schlagen? Werden wuchsstarke, nährstoffliebende Wildkräuter gejätet, kann man sie ebenso wie die Brennnessel zu düngender Jauche verarbeiten. Dazu ist es hilfreich, sich ein wenig mit den Zeigerpflanzen zu beschäftigen.

BODEN-ZEIGERPFLANZEN

In der Botanik und Landwirtschaft werden etliche Wildkräuter als Zeigerpflanzen (Indikatorpflanzen) für bestimmte Standort- und Bodenverhältnisse eingestuft. Einige Beispiele:

— Quecke *(Elymus repens),* Breitwegerich *(Plantago major),* Kriechender Hahnenfuß *(Ranunculus repens)* und Ackerschachtelhalm *(Equisetum arvense)* weisen auf einen verdichteten Boden hin, der zu Staunässe neigt.

— Gehäuftes Auftreten von Kleinem Sauerampfer *(Rumex acetosella),* Hundskamille *(Anthemis arvensis),* Wiesenmargerite *(Leucanthemum vulgare),* Hungerblümchen *(Erophila verna)* und Scharfem Mauerpfeffer *(Sedum acre)* sind Anzeichen für eine schlechte Nährstoff- und Humusversorgung.

Entsprechende Zeigerpflanzen kennt man auch für saure, kalkarme sowie kalkhaltige Standorte. Allerdings unterscheiden sich die Angaben dazu teils gewaltig. Das liegt unter anderem daran, dass solche Pflanzen an ganz unterschiedlichen Standorten beobachtet und eingestuft wurden, z. B. in Wildwiesen, Äckern oder Wäldern.

Ziemlich einig jedoch sind sich die Experten bei Pflanzen, die nährstoffreiche Böden besiedeln. Das sind meist Gewächse, die jeder

Ackerkratzdistel ist ein typischer Stickstoffzeiger.

☞ NÄHRSTOFFREICHE ZEIGERPFLANZEN FÜR JAUCHEN

PFLANZENNAME	HINWEISE
BÄRLAUCH *Allium ursinum*	Stickstoffzeiger, humoser, kalkhaltiger Boden an schattigen Plätzen; Wildgemüse, Heil- und Gartenpflanze
ACKERGAUCHHEIL *Anagallis arvensis*	Bevorzugt stickstoffreichen, kalkhaltigen Boden, Kaliumzeiger; leicht giftig, kann Schädlinge abwehren
BEIFUSS *Artemisia vulgaris*	Stickstoffzeiger, bevorzugt humosen Boden; kann mit seinen ätherischen Ölen Schädlinge abwehren
MELDEN *Atriplex patula* und andere *Atriplex*-Arten	Kaliumzeiger, humoser, nährstoffreicher Boden; Heilpflanze, Wildgemüse
HIRTENTÄSCHELKRAUT *Capsella bursa-pastoris*	Nährstoffreicher, humoser Boden; Heilpflanze, Wildgemüse
GÄNSEFUSS, WEISSER *Chenopodium album*	Stickstoff- und Kaliumzeiger, bevorzugt humoser Boden; Wildgemüse
ACKERKRATZDISTEL *Cirsium arvense*	Stickstoffzeiger, auf nährstoffreichem, oft recht trockenem Boden
ACKERWINDE *Convolvulus arvensis*	Nährstoffreicher, bevorzugt humoser, kalkhaltiger Boden; leicht giftig (Alkaloide, Glykoside)
FRANZOSENKRAUT, KNOPFKRAUT *Galinsoga parviflora*	Stickstoffzeiger, humoser Boden, bevorzugt kalkarm; Wildgemüse
KLETTENLABKRAUT *Galium aparine*	Stickstoffzeiger, bevorzugt humosen, lehmigen Boden; kann auch Verdichtungen anzeigen; Heilpflanze, Wildgemüse
WIESENBÄRENKLAU *Heracleum sphondylium*	Stickstoff- und Kaliumzeiger, humoser Boden; Wildgemüse; kann Hautreizungen hervorrufen
TAUBNESSELN *Lamium purpureum, L. album, L. maculatum*	Stickstoffzeiger, humoser, nährstoffreicher Boden, bevorzugt lehmig und kalkhaltig; teils Heilpflanzen, Wildgemüse
WILDE MALVE, WEGMALVE *Malva sylvestris, M. neglecta*	Stickstoffzeiger, humoser, bevorzugt trockener Boden; Heilpflanze, Wildgemüse
KLATSCHMOHN *Papaver rhoeas*	Nährstoffreicher, kalkhaltiger Boden; Milchsaft im Stängel mäßig giftig
AMPFER, STUMPFBLÄTTRIGER *Rumex obtusifolius*	Stickstoffzeiger, humoser, lehmiger Boden; Wildgemüse; leicht giftig (Oxalsäure)
ACKERSENF *Sinapis arvensis*	Bevorzugt stickstoffreichen und kalkreichen, lehmig humosen Boden; Wildgemüse; kann mit Senfölen Schaderreger abwehren
KOHL-GÄNSEDISTEL *Sonchus oleraceus*	Stickstoffzeiger, humoser Boden, bevorzugt kalkhaltig; Wildgemüse
VOGELMIERE *Stellaria media*	Stickstoffzeiger, humoser Boden; Heilpflanze, Wildgemüse
ACKERHELLERKRAUT *Thlaspi arvense*	Stickstoffzeiger, humoser, lehmiger Boden; Wildgemüse

Gärtner als Unkraut kennt, besonders in gut gedüngten Beeten. Gerade sie kommen auch als Kandidaten für düngende Pflanzenjauchen infrage. Solche Pflanzen werden oft als Stickstoffzeiger eingestuft, enthalten aber auch Kalium, Magnesium und andere Nährstoffe (siehe Übersicht auf S. 61).

Vorsicht: Keine Experimente mit ausgesprochen giftigen Wildkräutern! Sie könnten Nützlingen, Bodenleben und nicht zuletzt dem Anwender stark schaden. Dazu gehören im Garten z. B. Hundspetersilie *(Aethusa cynapium)*, Feldrittersporn *(Consolida regalis)*, Maiglöckchen *(Convallaria majalis)*, Gemeiner Stechapfel *(Datura stramonium)*, Roter Fingerhut *(Digitalis purpurea)*, Wolfsmilch *(Euphorbia-Arten)*, Kreuzkräuter *(Senecio-Arten)*, Schwarzer Nachtschatten *(Solanum nigrum)* und „verwilderter" Kartoffelaustrieb *(Solanum tuberosum)*.

PFLANZLICHE SELBSTVERTEIDIGUNG

Jeder Gärtner weiß aus leidvoller Erfahrung, wie gut sich Kratzdisteln, Brennnesseln und Brombeeren zu wehren wissen. Mit ihren Dornen und Stacheln halten sie sich hungrige Tiere vom Leib. Bei den Härchen der Brennnesseln kommt zudem natürliche „Chemie" ins Spiel: Sie enthalten einen Saft aus Ameisensäure, Histamin und weiteren Substanzen, die auf der Haut unangenehm brennen und Quaddeln hervorrufen.

Pflanzen haben viele Abwehrstoffe entwickelt, um sich vor Schädlingen, Schadpilzen und teils auch Bakterien zu schützen. Mit Kieselsäuren z. B. festigen sie ihre Oberflächen und Zellstrukturen. Gehölze verschließen mit Harzen ihre Wunden, damit keine Parasiten eindringen können. Gerb-, Bitter- und Scharfstoffe verderben Schadinsekten den Appetit, ätherische Öle verwirren und vertreiben Plagegeister.

Die Natur kann noch „stärkere Geschütze" auffahren: beispielsweise Alkaloide oder Glykoside. Mit solchen Stoffen gewappnet, gehören Eisenhut, Rittersporn, Maiglöckchen, Eibe und Goldregen zu den giftigsten Gartenpflanzen. Giftig sind übrigens auch rohe Bohnen und die grünen Teile von Kartoffeln und Tomaten.

Andere pflanzliche Abwehrstoffe dagegen sind für uns ungefährlich, machen Speisen schmackhafter und bekömmlicher, ja wirken sogar heilsam. Beispiele dafür sind ätherische Öle, Senföle und das Alliin der Zwiebelgemüse. Doch selbst für solche Stoffe gilt: Die Dosis macht das Gift. Salbeitee z. B. sollte man nicht über längere Zeit ständig trinken, denn sein ätherisches Öl enthält Thujon, das in hoher Dosis als Nervengift wirkt.

SCHÜTZENDE PFLANZENAUSZÜGE

Bei Jauchen, Brühen und Tees für den Garten, die ab S. 72 näher vorgestellt werden, spielen die genannten Bedenken natürlich keine Rolle, denn gerade wegen solcher Abwehrstoffe wirken ja auch manche Hausmittel besonders gut. Denken Sie aber bei der Anwendung daran, dass die Inhaltsstoffe mancher Pflanzen durchaus eine Giftwirkung haben – in höherer Dosierung auch für Menschen und Säugetiere. Das gilt z. B. für das bereits erwähnte Thujon in Salbei, Rainfarn,

Grüne Tomatenteile enthalten Alkaloide.

Raffinierte Abwehr: Brennnesselhärchen mit „Nesselgift"

Grüne Kartoffeln sind noch giftiger als grüne Tomaten.

Wermut und Thymian. Die Alkaloide in Tomatenblättern sind ebenfalls nicht zu unterschätzen, ebenso die Saponine, etwa im Seifenkraut, und die Giftstoffe in Farnen. Ein drastisches Beispiel dafür ist Tabakkraut, das man früher bedenkenlos für Pflanzenbrühen nutzte. Mittlerweile wird von Tabakauszügen weitgehend abgeraten: Sie sind mit ihrem Alkaloid Nikotin gefährlicher als so manche chemischen Pflanzenschutzmittel. Außerdem leiden manche Gärtner unter allergischen Reaktionen wie Hautreizungen, wenn sie mit bestimmten Pflanzen in intensiven Kontakt kommen. Das kann unter anderem bei Schafgarbe, Eberraute, Wermut, Knoblauch und sogar bei Kamille und Ringelblume auftreten. Es kann nichts schaden, wenn für alle Fälle Gartenhandschuhe griffbereit sind; nicht nur beim Verarbeiten von Brennnesseln.

Das alles soll keine unnötigen Befürchtungen hervorrufen: Bei den in diesem Buch genannten Pflanzenauszügen besteht bei umsichtigem Gebrauch keine Gesundheitsgefahr. Trotzdem ist es ratsam, auch mit Naturmitteln nicht völlig sorglos umzugehen (siehe S. 69).

Werden die Pflanzenteile nicht gleich verwendet, trocknet man sie an einem schattigen Platz.

PFLANZENAUSZÜGE SELBST HERSTELLEN

Die meisten Pflanzenteile für Brühen, Jauchen und andere Auszüge können frisch oder getrocknet verwendet werden. Reicht das eigene Sammelgut nicht aus, gibt es vieles auch getrocknet in Apotheken und Drogerien; so etwa Kamille, Thymian, Eberraute, Ackerschachtelhalm und Schafgarbe. Auch Gartenfachhandel und Spezialversender haben sich auf den Bedarf eingestellt (siehe auch Bezugsquellen auf S. 123). Von getrocknetem Material bis zu Extrakten ist hier allerhand zu finden.

Gute Anbieter achten darauf, dass die Pflanzen zum optimalen Zeitpunkt gesammelt und schonend verarbeitet wurden. So kann man mit einem hohen Gehalt an Wirkstoffen ohne Verunreinigungen rechnen. Beste Qualität gewährleisten Apotheken: Sie müssen sich nach den strengen Kriterien offizieller Arzneibücher richten.

ERNTEN, SAMMELN, TROCKNEN

Viele „Grundstoffe" für eigene Brühen, Jauchen und Tees finden sich schon im Garten. Manche Wildkräuter kann man an Weg-, Feld- und Waldrändern oder auf Wiesen, Weiden und Waldlichtungen sammeln. Achten Sie aber in der Nähe landwirtschaftlicher Flächen darauf, dass nicht gerade frisch ge-

spritzt wurde. Geht man öfter zwischen Äckern und Wiesen spazieren, kann man recht gut einschätzen, wie es dort mit dem Pflanzenschutzmittel-Einsatz aussieht. Dulden die Landwirte an den Rändern eine vielfältige Wildflora oder sind als Biobauern bekannt, ist das ein gutes Zeichen.

Die Wirkstoffgehalte der Garten- und Wildkräuter sind meist kurz vor der Blüte oder bald nach Blühbeginn am höchsten. Blätter und Blüten schneidet man am besten in den Vormittagsstunden eines sonnigen Tages nach Abtrocknen der Morgenfeuchte. Praktische Hilfsmittel sind eine scharfe Schere sowie Gartenhandschuhe, z. B. bei Brennnesseln. Denken Sie beim Sammeln in der Landschaft auch an ausreichende Gefäße oder Papiertüten. Ideal sind breite, flache Körbe und Drahtkörbe.

Schneiden oder pflücken Sie nur gesunde Pflanzenteile ohne Anzeichen von Krankheits- oder Schädlingsbefall. Manche Inhaltsstoffe, besonders ätherische Öle, „verflüchtigen" sich recht schnell. Lassen Sie deshalb Abgeschnittenes nicht lang in der Sonne stehen. Verarbeiten Sie frische Pflanzenteile möglichst bald nach dem Sammeln bzw. Ernten.

Zum Trocknen wird das Erntegut in Bündeln aufgehängt oder ausgelegt, z. B. auf Papier oder Drahtgittern; dies an einem überdachten, warmen, schattigen Platz, der gut belüftet ist. Die getrockneten Pflanzenteile werden dann zerkleinert und kommen am besten in verschließbare Dosen oder dunkel getönte Schraubgläser. Aufbewahrt werden sie an einem dunklen, recht kühlen Ort.

AUSZÜGE ZUBEREITEN

Je nach Pflanze und Verwendungszweck verarbeitet man das Sammelgut zu Jauche, Kaltwasserauszug, Brühe oder Tee. Extrakte sind eine Besonderheit und fast nur beim Baldrian üblich (siehe S. 72). Im Folgenden werden die Grundrezepte kurz vorgestellt. Details und Besonderheiten finden Sie im Kapitel „Bewährte Pflanzenauszüge" ab S. 72.

Nach dem Sammeln kann es gleich losgehen.

— **Jauchen** haben eine besondere Bedeutung als Biodünger, helfen aber auch gegen Schädlinge und Krankheiten. In der Regel braucht man 1 kg zerkleinerte, frische Pflanzenteile oder 200 g getrocknetes Material pro 10 l Wasser. Am besten stellt man das Gefäß an einen sonnigen Platz. Zunächst kommen die Pflanzen in das Behältnis, dann wird bis 10–15 cm unter dem oberen Rand Wasser aufgefüllt. Der freie Rand ist wichtig, damit die Jauche während des Gärens nicht überläuft. Ein darübergelegtes, engmaschiges Gitter bewahrt junge Vögel und andere Tiere vorm Hineinfallen und Ertrinken.

— Nun machen sich fleißige Mikroorganismen an die Arbeit und bewirken eine Gärung. Das zeigt sich nach wenigen Tagen durch Bläschen- und Schaumbildung an der Oberfläche. Rühren Sie die Jauche für ausreichende Sauerstoffzufuhr alle 1 bis 2 Tage kräftig um. Die Zugabe von etwas Gesteinsmehl, reifem Kompost oder Baldrianblüten-Extrakt kann den zeitweise penetranten Geruch abmildern.

— Die Gärung ist meist nach 10 bis 20 Tagen abgeschlossen. Die Flüssigkeit schäumt dann nicht mehr und wird bräunlich. Gut abgedeckt (und gelegentlich umgerührt), bleibt die Jauche über viele Wochen verwendbar. Ist der Behälter nicht allzu schwer, kommt er nach dem Verjauchen am besten an einen etwas schattigeren Platz. Vor dem Ausbringen werden Jauchen abgesiebt und meist verdünnt.

— **Kaltwasserauszüge** dienen dem Stärken der Widerstandskräfte und der Abwehr von Schaderregern. Sie werden im Prinzip wie Jauchen zubereitet – mit dem entscheidenden Unterschied, dass es nicht zur Gärung kommen darf. Hier genügt schon das (nicht erhitzte) Wasser, um die Wirkstoffe der Pflanzen optimal zu lösen. Gutes Zerkleinern der Pflanzenteile ist hierbei besonders wichtig.

Kraut, z. B. von Rainfarn, wird hierfür meist frisch verwendet; Blüten, z. B. von Kamille und Schafgarbe, getrocknet. Die Ansatzmengen sind je nach Pflanzen und Verwendung recht unterschiedlich (siehe Pflanzenporträts ab S. 72).

Die mit Wasser übergossenen Pflanzenteile lässt man in der Regel 12 bis 24 Stunden ziehen; an einem leicht beschatteten Platz, damit keine Gärung gefördert wird. Wichtig ist häufiges Umrühren. Zum Schluss werden alle Pflanzenteile abgesiebt. Abgedeckt und schattig aufgestellt, bleibt der Auszug ein paar Wochen brauchbar. Frische Auszüge wirken allerdings am besten.

— **Brühen** zählen zu den wichtigsten Zubereitungen, um Schädlinge und Krankheiten einzudämmen. Meist weicht man dazu die zerkleinerten Pflanzenteile rund 24 Stunden in kaltem Wasser ein. Dann wird das Ganze aufgekocht, um schließ-

 ## Checkliste

GEEIGNETE GEFÄSSE FÜR PFLANZENAUSZÜGE

- ☐ Kunststofftonnen (aus lebensmittelechtem Polyethylen)
- ☐ Holzfässer
- ☐ Steingutgefäße
- ☐ Für Jauchen und Kaltwasserauszüge keine Metallgefäße
- ☐ Zum Kochen von Brühen und Tees nur gut beschichtete Gefäße
- ☐ Vor allem für Jauchen recht groß, mit 30–80 l
- ☐ Für Tees kleinere Gefäße, bis höchstens 10 l
- ☐ Mit luftdurchlässigem Gitterdeckel oder -rost, damit keine Kleintiere hineinfallen
- ☐ Feste Deckel für fertige Auszüge und beim Kochen von Brühen und Tees

Zerkleinern von Brennnesseln für eine Brühe

Das Kraut 24 Stunden in Wasser einweichen.

Aufkochen, simmern lassen und umrühren

Nach dem Abkühlen Reste absieben

Beinwell ergibt eine nährstoffreiche Jauche.

Die vergorene Jauche bleibt lange verwendbar.

lich 20 bis 30 Minuten zu simmern bzw. knapp unter dem Siedepunkt „leise" zu kochen. Danach lässt man die Brühe zugedeckt abkühlen und siebt zum Schluss die Pflanzenreste ab.

Die Ansatzmengen sind je nach Pflanzenteilen und Anwendung verschieden (siehe ab S. 72) Brühen halten sich wie Kaltwasserauszüge nicht allzu lang.

— **Tees** lassen sich oft gezielt gegen bestimmte Schädlinge und Krankheiten sowie zur Bodenpflege anwenden. Sie sind teils aber auch „breit wirksam", so etwa Zwiebel-Tee gegen Pilz- und Bakterienkrankheiten.

Wie bei einem Heilkräutertee werden hier die zerkleinerten Pflanzenteile mit kochendem Wasser übergossen. Dann lässt man den Tee 15 bis 30 Minuten ziehen, zugedeckt abkühlen und siebt die Pflanzenreste ab.

Pflanzenstärkende Tees setzt man meist in kleineren Mengen an und verbraucht sie bald nach dem Zubereiten. Deshalb beziehen sich die Mengenangaben bei den Pflanzenporträts in der Regel auf 1 Liter Wasser.

ANWENDUNGSTIPPS

— **Geräte zum Ausbringen:** Manche Pflanzenauszüge werden einfach über den Boden oder Kompost gegossen. Doch meist behandelt man die Pflanzen direkt, braucht also eine gute Pflanzenschutzspritze. Teils genügt schon ein kleiner Handsprüher. In etwas größeren Gärten lässt sich mit einem 5-l-Drucksprühgerät samt Tragegurt leichter arbeiten.

— **Absieben:** Damit die Spritzdüsen nicht verstopfen, zum Abseihen am besten ein möglichst feines Sieb verwenden oder die Auszüge durch ein Baumwoll- oder Leinentuch auspressen.

— **Verdünnung:** Jauchen werden meist im Verhältnis 1 : 20 mit Wasser verdünnt; die Brühen recht unterschiedlich, je verwendeter Pflanze. Kaltwasserauszüge und Tees lassen sich oft unverdünnt anwenden. Angaben dazu finden Sie bei den Pflanzenporträts. Beim Mischen mit Wasser hilft die untenstehende Übersicht.

— **Kaliseifen-Lösung:** Etwas Kaliseifen-Lösung (Schmierseifen-Lösung) kann das Haften der Auszüge an den behandelten Blättern verbessern und zusätzlich Schädlinge wie Blattläuse eindämmen. Verwenden Sie ausschließlich reine Kaliseife (150–300 g Seife in 10 l heißem Wasser auflösen). Der Fachhandel bietet auch entsprechende Fertiglösungen an. Mischen Sie der Spritzbrühe höchstens 1–3 % Seifenlösung unter; das entspricht 10–30 ml auf 1 Liter Brühe.

— **Brennspiritus:** Ein bei manchen Gärtnern beliebter Zusatz ist Brennspiritus: Er verstärkt die Wirkung gegen hartnäckige Plagegeister, z. B. Schild- und Blutläuse. Davon sollten maximal 2 % in der (verdünnten) Pflanzenbrühe gelöst werden.

— **Zeiten zum Ausbringen:** Spritzen Sie nur bei Windstille, vorzugsweise bei etwas bedecktem Himmel. Eine Ausnahme sind Schachtelhalm-Auszüge, die ihre beste Wirkung bei sonnigem Wetter entfalten. Früher Vormittag und früher Abend sind die besten Tageszeiten für das Ausbringen der Naturstoffmittel. Regnet es bald danach, bleibt einem nur, das Ganze nochmals zu wiederholen.

NATURMITTEL UMSICHTIG ANWENDEN

Beachten Sie, dass manche Pflanzenauszüge (z. B. aus Rainfarn, Wermut, Farn- und Tomatenkraut), gärende Jauchen und erst recht Brennspiritus für Kinder gefährlich werden können! Das gilt teils auch für Haustiere.

Auszüge mit natürlichen Pflanzengiften (z. B. aus Rainfarn) machen ebenso wie viele Pflanzenschutzmittel keinen Unterschied zwischen Schädlingen und Nützlingen. Deshalb nicht ständig und nicht jederzeit im ganzen Garten anwenden; die Mittel besser öfter mal wechseln.

Körperbedeckende Kleidung und Handschuhe sind auch beim Umgang mit Pflanzenauszügen ratsam, schon bei der Zubereitung. Achten Sie beim Spritzen, etwa von Bäumen, darauf, dass Sie nichts ins Gesicht bekommen.

☞ VERDÜNNUNGS-ÜBERSICHT

VERDÜNNUNG	MENGE BZW. VOLUMEN
1 : 3	300–350 ml Auszug[1] auf 1 Liter Wasser
1 : 5	200 ml Auszug auf 1 Liter Wasser
1 : 7	140–150 ml Auszug auf 1 Liter Wasser
1 : 10	100 ml Auszug auf 1 Liter Wasser
1 : 15	Rund 65 ml Auszug auf 1 Liter Wasser
1 : 20	50 ml Auszug auf 1 Liter Wasser
1 : 50	20 ml Auszug auf 1 Liter Wasser

[1] Auszug = Jauche, Kaltwasserauszug, Brühe oder Tee

DÜNGEN & SCHÜTZEN
— *Mit Jauchen*

Die Pflanzen in der Raritätengärtnerei Treml werden nach ökologischen Richtlinien gepflegt. Daher spielt auch der Einsatz von Brühen und Jauchen eine wichtige Rolle.

Kräuter helfen Kräuter durch ihre Verwendung in Auszügen.

Warum ist der Einsatz von Brühen und Jauchen für Sie wichtig?

Viele Pflanzen, die sich für diese Art von Ansätzen eignen, haben oft eine düngende Wirkung sowie eine schützende gegen Krankheits- und Schädlingsbefall. Wir arbeiten häufig bei einjährigen Pflanzen wie Dill und Kerbel mit Pflanzenauszügen.

Was setzen Sie besonders gerne ein?

Brennnesseln sind ein echter Klassiker und das Ausgangsmaterial ist leicht verfügbar. Sie wirken als Brühen gut gegen beißende und saugende Insekten – also kalt angesetzt und ca. 24 Stunden lang zum Ziehen stehen gelassen. Bei den Brennnesseln unbedingt darauf achten, dass keine Samen beim Erntegut dabei sind, sonst verbreitet sie sich beim Ausbringen von Brühe oder Jauche wieder schnell im Garten.

Was macht den Unterschied zwischen einer Brühe und einer Jauche aus?

Eine Brühe zieht etwa 24 Stunden. Eine Jauche zieht mehrere Tage und wird dabei

![Brühen sind besonders vorbeugend gegen den Befall von Krankheiten und Schädlingen hilfreich.]

Brühen sind besonders vorbeugend gegen den Befall von Krankheiten und Schädlingen hilfreich.

einem Gärprozess unterzogen. Sie ist somit reicher an Stickstoff und besonders gut für starkzehrende Kulturen geeignet. Gegen Schadinsekten verliert sie dadurch jedoch ihre Wirkungskraft. Hier sind Brühen effektiver, das gilt aber nicht für die Eier der beißenden und saugenden Insekten. Die gleiche Erfahrung habe ich mit Brühen bei pilzlichen Erkrankungen gemacht.

Welches Mittel ist hilfreich beim Einsatz gegen Schadinsekten?

Wir haben so viele Pflanzen in der Gärtnerei, dass wir auch darauf achten, wie und welche wir zusammenstellen. Die Eberraute

(*Artemisia abrotanum* var. *maritima*), auch Cola-Strauch genannt, ist beispielsweise sehr effektiv zur Abwehr der Weißen Fliege – wir hatten in den letzten 20 Jahren nie Probleme mit diesem Schädling.

„In den letzten 20 Jahren haben wir in der Gärtnerei nie ein einziges Gramm Gift gekauft.“

Durch Gärung wird bei Jauchen die Stickstoffbildung bewirkt.

BEWÄHRTE PFLANZEN-AUSZÜGE VON A BIS Z

Manche Pflanzen, aus denen sich hervorragende Auszüge zubereiten lassen, kommen in fast jedem Garten vor, seien es Brennnesseln, Tomaten oder Ringelblumen. Bei vielen anderen kann es sich lohnen, sie ebenfalls zu pflanzen, weil sie den Garten bereichern.

BALDRIAN

In der Landschaft besiedelt Baldrian gern feuchte Wiesen, Ufer und Gräben. Die altbekannte Arzneipflanze gedeiht aber auch im Garten und präsentiert sich hier als hübsche Wildstaude. Ihre weißrosa Blütenstände werden oft von Bienen und Schmetterlingen umschwärmt. Allerdings muss man auf diesen

PFLANZENSTECKBRIEF

Botanischer Name *Valeriana officinalis*
Familie Baldriangewächse
Merkmale Ausdauerndes Kraut, 70–150 cm hoch, mit stark gerieftem Stängel und großen, gefiederten Blättern. Zwischen Mai und August Schirmrispen mit rosa bis weißlichen Blüten.
Standort Sonnig bis halbschattig. Liebt feuchten, humosen Boden; wächst gern am Teichrand.
Anbau Im Frühjahr oder Herbst pflanzen, mit 40–50 cm Abstand. Im Frühjahr auch Anzucht aus Samen möglich; Lichtkeimer.
Pflege Bei Trockenheit gießen. Im Frühjahr Kompost geben. Starke Ausbreitung durch Selbstaussaat und Ausläufer frühzeitig eindämmen.
Sammelgut Blütenrispen zwischen Mai und August; am besten, bevor sie voll aufblühen.

Anblick zum Teil verzichten, wenn man den Baldrian auch nutzen möchte.

Soll Baldrian als Heilpflanze gegen Schlafstörungen und Nervosität helfen, braucht man seine Wurzeln: Die werden ab Herbst des zweiten Jahres geerntet. Soll er dagegen als Hilfsmittel für Pflanzen dienen, sind die Blüten das Erntegut – und wirken in diesem Fall nicht beruhigend, sondern stimulierend. Baldrianblüten-Extrakt wird im biodynamischen Anbau schon seit Langem eingesetzt, unter anderem, um bei Obst und Gemüse die Blüten- und Fruchtbildung zu fördern. Auf die blütenanregende Wirkung schwören mittlerweile auch viele Kakteen-Fans.

BALDRIANBLÜTEN-EXTRAKT

Zubereitung Für einen ergiebigen Extrakt brauchen Sie mindestens eine große Schüssel oder mehrere Papiertüten voller Blüten. Zunächst gröbere Stiele auslesen. Die Blüten in einer Arbeitsschüssel mit etwas Wasser anfeuchten. Dann mit Fleischwolf oder Stabmixer zu einer Art Brei zerkleinern; wenn nötig, noch ein wenig Wasser zugeben.

Der Blütenbrei muss nun gären, bis die anfangs starke Schaumbildung beendet ist; dies am besten im Freien, weil das unangenehm riecht. Manche Gärtner lassen den Brei noch in der Arbeitsschüssel gären. Andere pressen ihn lieber gleich durch ein Leinentuch und füllen den Saft in eine dunkle Glasflasche, in der später der fertige Extrakt auch aufbewahrt wird. Zum Gären die Flaschenöffnung zunächst locker abdecken, z. B. mit Tuch oder Gummikappe (Mostkappe). Nach Ende der Gärung die Flasche mit Schraubdeckel oder Korken fest verschließen und kühl stellen. So bleibt der Extrakt mindestens 2 bis 3 Jahre haltbar.

Der Extrakt wird erst direkt vor der Anwendung verdünnt: 1 bis 5 Tropfen Extrakt auf 1 Liter handwarmes Wasser geben und die Lösung 15 Minuten lang kräftig umrühren.

Anwendung

— Bei Obst und Fruchtgemüse wie Tomaten zum Unterstützen von Blüte und Fruchtbildung. Bei Zier- und Zimmerpflanzen zum Fördern von Blühfreude und -dauer, z. B. bei Rosen, Kakteen und Orchideen. Dazu die Lösung auf die Pflanzen spritzen, empfindlichere und blühende Pflanzen mit feinem Sprühnebel behandeln, oder auf die Erde gießen. Bei mehrjährigen Pflanzen erste Behandlung schon im Spätherbst; sonst ab Frühjahr, dann alle 1 bis 2 Wochen wiederholen.

— Zum Frostschutz der Obstbaumblüten sowie von kälteempfindlichem Gemüse wie Tomate, Paprika, Gurke. Drohen im Frühjahr Nachtfröste, Obstbäume am späten Nachmittag mit Sprühnebel benetzen und gefährdete Gemüsepflanzen überspritzen.

— Zum Fördern von Samenkeimung und Sämlingswachstum, besonders bei Gemüse: Dazu die Samen 15 bis 20 Minuten in ein Bad mit der Lösung legen, am besten in Leinensäckchen. Danach etwas abtrocknen lassen und bald säen.

— Zum Anregen des Bodenlebens, besonders der Regenwürmer, und der Kompostierung; dazu die Lösung alle paar Wochen ausgießen. Bei Obstbäumen können Sie auch die Baumscheiben damit versorgen.

BALDRIANBLÜTEN-TEE

Zubereitung Eine Handvoll Blüten mit 1 Liter kochendem Wasser übergießen; 10 bis 15 Minuten ziehen lassen. Nach dem Abkühlen abseihen und 1 : 3 verdünnen.

Anwendung

— Bei Fruchtgemüse, Beerenobst, Blumen und Stauden zum Fördern der Blüten- und Fruchtbildung sowie zum Stärken der Widerstandskräfte.

— Die Lösung auf die Pflanzen spritzen oder auf den Boden gießen. Erste Behandlung kurz vor Beginn der Blütezeit, dann wöchentlich wiederholen.

Vom Baldrian werden die Blüten für Auszüge genutzt.

BASILIKUM

Basilikum wurde bei uns besonders durch die italienische Küche populär und zählt heute zu den beliebtesten Würzkräutern. Die vermutlich aus Südasien stammende Pflanze braucht recht viel Wärme und Feuchtigkeit.
Ätherische Öle und Gerbstoffe sorgen für den markanten Geschmack des Basilikums. Dazu kommen Flavonoide und Kaffesäure. Wegen solcher Inhaltsstoffe wird Basilikum auch in der Volksmedizin verwendet, z. B. bei Magenbeschwerden – und als natürliches Pflanzenschutzmittel.

BASILIKUM-TEE

Zubereitung Auf 1 Liter Wasser kommen eine Handvoll bzw. 8 Teelöffel zerkleinerte Basilikumblätter. Das Kraut mit dem kochenden Wasser übergießen; 10 bis 15 Minuten abgedeckt ziehen lassen. Nach dem Abkühlen abseihen und unverdünnt ausbringen.

Basilikum mag es warm und recht feucht.

Anwendung
— Gegen Blattläuse, Spinnmilben und Weiße Fliege, besonders an Zimmerpflanzen. Behandlung, wenn nötig, alle paar Tage wiederholen.

PFLANZENSTECKBRIEF

Botanischer Name *Ocimum basilicum*
Familie Lippenblütengewächse
Merkmale Einjähriges Kraut, buschig aufrecht, 15–60 cm hoch; mit eiförmigen, glänzend grünen Blättern. Ab Juli kleine weiße oder rosa Blüten.
Standort Sonnig und warm. Humoser, nährstoffreicher Boden.
Anbau Basilikum lässt sich im Topf oft sicherer ziehen als im Beet. Für eigene Anzucht Ende März bis Mai drinnen aussäen; Lichtkeimer. Ab Mitte Mai mit 30 × 25 cm Abstand auspflanzen.
Pflege Vor kühlen Nächten mit Vlies abdecken. Gleichmäßig leicht feucht halten. Ein- bis zweimal organisch düngen. Abknipsen der Blüten kann das Blattwachstum fördern, aber auch zu verstärkter Blütenbildung führen.
Sammelgut Junge Blätter und Triebspitzen. Im Juni, kurz vor der Blüte, ist der Gehalt an ätherischen Ölen am höchsten.

BEINWELL

Der Name „Beinwell" weist schon darauf hin, dass es sich um eine angesehene Heilpflanze handelt: Salben aus den kräftigen Wurzeln helfen bei Prellungen, Zerrungen und Gelenkschmerzen. Den Echten Beinwell *(Symphytum officinale)* findet man auf Wiesen, an feuchten Wegrändern, Ufern und in lichten Auwäldern. Wo Wiesen öfter mit Gülle und Jauche gedüngt werden, wächst Beinwell besonders zahlreich. Er lässt sich auch gut im Garten pflanzen.
Beinwell wird auch Comfrey genannt, besonders die aus Osteuropa und Westasien stammenden Arten. Dazu gehören Hoher

Beinwellblüten: bei Hummeln sehr beliebt.

Beinwell *(S. peregrinum),* Rauer Beinwell *(S. asperum)* sowie der Futterbeinwell *(S. × uplandicum).* Alle drei wachsen üppiger als der Echte Beinwell. Sie wurden bei uns als Nutz- und Gartenpflanzen eingeführt und haben sich hier und da in der freien Landschaft ausgebreitet.

Die Beinwell-Arten sind attraktive Stauden für naturnahe Gartenbereiche, Gehölzränder und die Kompostecke. Sie liefern große, schnell nachwachsende Blätter für nährstoffreiche, besonders kaliumhaltige Düngejauchen und zum Mulchen. Durch ihren Gehalt an Kieselsäure und Gerbstoffen wirken sie zudem als Stärkungsmittel.

BEINWELLKRAUT-JAUCHE

Zubereitung 1 kg frisches Kraut je 10 l Wasser ansetzen. Dem Beinwellkraut können auch Brennnesseln oder ein paar Handvoll Ringelblumen untergemischt werden. 10 bis 20 Tage gären lassen. Wenn die Jauche nicht mehr schäumt, abseihen und 1 : 10 verdünnen.

Anwendung
— Eignet sich besonders als Dünger für Starkzehrer-Gemüse wie Tomate, Kohl, Sellerie; auch für Sommerblumen sowie die Frühjahrsdüngung von Obstgehölzen. Dazu im Wurzelbereich auf den Boden gießen; während der Hauptwachstumszeit alle 1 bis 3 Wochen, je nach Wuchsstärke der Pflanzen.
— Für eine Blattdüngung 1 : 20 verdünnen und über die Blätter von Starkzehrer-Gemüse spritzen; dies während der Hauptwachstumszeit, alle 2 bis 4 Wochen.

BEINWELLKRAUT ALS ERDBEIMISCHUNG

Hierbei werden ein paar Handvoll zerkleinerte Beinwellblätter der Pflanzerde untergemischt: Das kann vor allem bei Gehölzen und Stauden das Anwachsen verbessern. Beinwellblätter fördern außerdem die Rotte, wenn man sie in größeren Mengen zum Kompost gibt.

PFLANZENSTECKBRIEF

Botanischer Name *Symphytum*-Arten
Familie Raublattgewächse
Merkmale Ausdauerndes Kraut, Echter Beinwell 50–100 cm hoch, andere Arten bis 130 cm; breit lanzettliche, rau behaarte Blätter. Röhrenförmige Blüten in nickenden Trauben, hellviolett, purpurn, bläulich oder weiß, zwischen Mai und August.
Standort Sonnig bis halbschattig. Nährstoffreicher, lehmig humoser, feuchter Boden.
Anbau Pflanzung im Herbst oder Frühjahr mit 60–80 cm Abstand. Auch Aussaat im Frühjahr möglich. Kann durch Teilung vermehrt werden.
Pflege An trockenem Standort des Öfteren gießen. Im Frühjahr Kompost geben. Unerwünschte Ausbreitung eindämmen, durch Abstechen von Ausläufern und Entfernen von Samenständen.
Sammelgut Blätter und Stiele, vorzugsweise von nicht blühenden Trieben; vom späten Frühjahr bis Frühherbst; etwa viermal im Jahr pro Pflanze.

BRENNNESSEL

Brennnesseln muss man keinem Gärtner ausführlich vorstellen: Wohl jeder hat schon einmal Bekanntschaft mit ihren schmerzhaften Brennhaaren gemacht. Sie sind deutliche Zeigerpflanzen für humose, stickstoffreiche Böden und deshalb in fast jedem gut versorgten Garten zu finden. Entsprechend lassen sich ihre Blätter und Stängel hervorragend zu Düngejauchen verarbeiten. Diese enthalten recht viel Stickstoff sowie andere Haupt- und Spurennährstoffe, außerdem stärkende Kieselsäure. Junge Brennnesseln haben z. B. auch einen beachtlichen Eisengehalt. Durch die regelmäßige „Ernte" für Jauchen lassen sich nebenbei auch überhandnehmende Brennnesseln eindämmen.

Biogärtner dulden allerdings gern eine Ecke mit Brennnesselwuchs, nicht nur für Pflanzenauszüge. Denn diese Wildkräuter sind wichtige Nährpflanzen für die Raupen zahlreicher Schmetterlinge, darunter Admiral, Kleiner Fuchs und Tagpfauenauge. Zudem lassen sich junge, zarte Brennnesselblätter als schmackhaftes und gesundes Gemüse genießen. Brennnessel-Tees schließlich helfen bei Nieren- und Rheumabeschwerden und sind blutreinigend.

BRENNNESSEL-JAUCHE

Zubereitung 1 kg frisches oder 150–200 g getrocknetes Kraut je 10 l Wasser ansetzen; die Stängel gut zerkleinern. Zum Untermischen und Kombinieren eignen sich z. B. Ackerschachtelhalm, Beinwell und Ringelblumen. 15 bis 20 Tage gären lassen. Wenn die Jauche nicht mehr schäumt, abseihen und vor der Anwendung verdünnen.

Anwendung

— Als Dünger 1 : 10 verdünnt im Wurzelbereich auf den Boden ausgießen. Eignet sich besonders für Starkzehrer-Gemüse wie Tomate, Kohl, Zucchini, für wüchsige Sommerblumen und die Frühjahrsdüngung von Obstgehölzen; auch zum Angießen von Jungpflanzen.
— Zum Kräftigen 1 : 20 verdünnt über gefährdete oder bereits von Schädlingen befallene Pflanzen sprühen.

GÄRENDE BRENNNESSEL-JAUCHE

Zubereitung Vorzugsweise frisches Kraut verwenden, auch hier 1 kg je 10 l Wasser. Wird schon nach wenigen Tagen verwendet, sobald deutlich sichtbar die Gärung eingesetzt hat; dazu 1 : 50 verdünnen. Mischen mit Ackerschachtelhalm-Brühe kann die Wirkung verstärken.

Die Stängel sollten gut zerkleinert werden.

Viele beliebte Schmetterlinge nutzen Brennnesseln als Nahrungspflanzen für ihre Raupen.

Anwendung

— Gegen Schädlinge wie Blattläuse und Spinnmilben; auch gegen überwinternde Schädlinge an Obstgehölzen.

BRENNNESSEL-KALTWASSER-AUSZUG UND -BRÜHE

Im Garten haben sich vor allem Brennnessel-Jauchen bewährt. Die schädlingsabwehrende Wirkung von Brühen und Kaltwasserauszügen dagegen ist umstritten. Es gibt aber auch sehr positive Berichte von erfahrenen Gärtnern. Wer es ausprobieren möchte, kann sich nach den Grundrezepten auf S. 66–68 richten.

Man setzt für den Kaltwasserauszug 1 kg frisches Kraut je 10 l Wasser an, lässt ihn 12 bis 24 Stunden ziehen und bringt den Auszug unverdünnt aus. Für Brühen werden teils bis zu 5 kg Kraut je 10 l Wasser empfohlen, die man 24 Stunden einweicht und dann aufkocht. Sie werden zum Ausbringen 1 : 10 verdünnt.

PFLANZENSTECKBRIEF

Botanischer Name *Urtica dioica* (Große Brennnessel), *Urtica urens* (Kleine Brennnessel)
Familie Brennnesselgewächse
Merkmale Große Brennnessel ausdauernd, 50–150 cm hoch; Kleine Brennnessel einjährig, 20–50 cm hoch. Kantige Stängel und gesägte Blätter mit Brennhaaren. Hellgrüne Blütenrispen zwischen Juli und Oktober; winzige Nussfrüchte.
Standort Sonnig bis halbschattig. Nährstoffreicher, humoser, bevorzugt frischer Boden.
Anbau Üblicherweise nicht nötig, breitet sich von selbst aus. Spezialisierte Kräuter-Versender bieten aber auch Saatgut an.
Pflege Kaum erforderlich. Schnitt fördert die Bildung von Neutrieben. Bei übermäßiger Ausbreitung jäten; die unterirdischen Ausläufer der Großen Brennnessel gründlich entfernen.
Sammelgut Triebe, die noch keine Samen angesetzt haben; nachwachsende Neutriebe bis Spätsommer.

Die Eberraute lässt sich sehr vielseitig nutzen.

PFLANZENSTECKBRIEF

Botanischer Name *Artemisia abrotanum*

Familie Korbblütengewächse

Merkmale Halbstrauch, dicht buschig, 60–100 cm hoch, mit kräftigem Wurzelstock; fein gefiederte, hell- bis graugrüne Blätter. Blüht nur gelegentlich mit gelblich weißen Blütenköpfchen ab Mai.

Standort Bevorzugt sonnig. Liebt kalkhaltigen, humosen, gut durchlässigen Boden, der auch sandig oder steinig sein kann.

Anbau Im Frühjahr mit 40 cm Abstand pflanzen. Vermehrung durch Teilung oder Stecklinge; auch Anzucht aus Samen möglich.

Pflege In rauen Lagen die Pflanzenbasis über Winter mit Nadelholzreisig oder Laub abdecken. Im Frühjahr um gut ein Drittel zurückschneiden und etwas Kompost geben.

Sammelgut Triebe ohne Blüten, vor allem Triebspitzen.

EBERRAUTE

Dieses Würzkraut erinnert mit seinem herb aromatischen Duft und Geschmack an den nah verwandten Wermut. Die Eberraute bietet dazu noch eine fruchtige, etwas an Zitronen erinnernde Note. Besonders in Teezubereitungen entfalten die Blätter ein spezielles Aroma, das der Pflanze den Namen „Colastrauch" einbrachte. Früher ein wichtiges Kraut der Bauern- und Klostergärten, ist die Eberraute in neuerer Zeit zu einer Liebhaberpflanze für Kräuterfans geworden. Man schätzt den trockenheitsverträglichen, hübschen Halbstrauch aber auch zunehmend als Zierpflanze, etwa für den Steingarten.

In der Küche nimmt man die jungen Triebspitzen vor allem als Würze für Soßen und fette Fleischgerichte. Sie lassen sich außerdem für heilsame Tees, z. B. bei Verdauungsstörungen, verwenden – und die Zweige zum Vertreiben von Motten und Fliegen. So liegt es nahe, die Eberraute auch im Pflanzenschutz einzusetzen. Neben vertreibenden Duft- und Bitterstoffen enthält sie kleine Mengen an Alkaloiden und Cumarinen, die den Schädlingen das Leben zusätzlich schwer machen.

EBERRAUTEN-TEE

Zubereitung Auf 1 Liter Wasser ein bis zwei Handvoll frische oder getrocknete, zerkleinerte Triebe geben. Mit dem kochenden Wasser übergießen; 10 bis 15 Minuten ziehen lassen und unverdünnt ausbringen.

Anwendung

— Gegen Blattläuse und andere Schädlinge auf die Pflanzen spritzen. Bei starkem Befall alle paar Tage wiederholen.

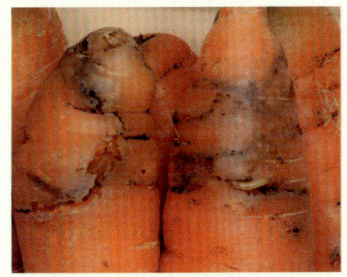

Maden der Möhrenfliege

Wegschnecke beim Fressen

Kohlweißling

Weiße Fliege

Schildläuse

Blutlausschaden an Obstbaum

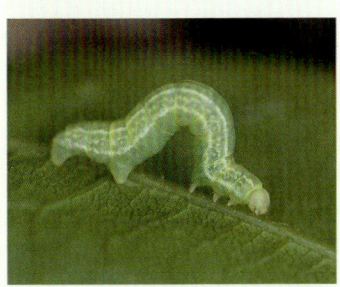

Raupe des Kleinen Frostspanners

Madenfraß der Apfelwicklerraupe

Spinnmilbenbefall

Schwarze Bohnenläuse

Rosenblattläuse

Fraß von Raupen der Lauchmotte

FARNE

Im Schatten der Waldbäume wächst zwar allerhand, doch vieles bleibt klein- oder schmalblättrig. Pflanzen mit größeren Blättern wappnen sich oft mit festen Überzügen oder, wie beispielsweise der Bärlauch, mit intensiven Gerüchen gegen hungrige Waldbewohner. Da erscheinen üppige, zarte Farnwedel für Tiere besonders verlockend. Aber auch Farne wissen sich zu wehren: Die meisten sind mehr oder weniger giftig.

Das gilt besonders für den Wurmfarn und den Adlerfarn. Wie sein Name schon besagt, enthält der Wurmfarn Substanzen, die z. B. Band- und Spulwürmer abtöten, und fand deshalb früher in Wurmkuren Verwendung. Allerdings wird das kaum noch praktiziert, denn dabei kam es öfter zu Vergiftungen: mit Symptomen von Übelkeit und Erbrechen bis hin zu starken Atemstörungen, Ohnmacht und Herzschwäche.

Beide Farne besiedeln nicht nur Wälder, sondern auch offenere Flächen wie Bergweiden und -wiesen. Hier können sie mit ihren Giftstoffen sogar Rindern, Schafen und Pferden zum Verhängnis werden. Beim Wurmfarn sind die gefährlichsten Substanzen vor allem in den Wurzeln konzentriert, beim Adlerfarn in den jungen Farnwedeln.

Bei achtsamem Umgang damit muss man sich allerdings keine Sorgen um die eigene Gesundheit machen und kann das Farnkraut für Auszüge gegen Schädlinge einsetzen.

PFLANZENSTECKBRIEF

Name Adlerfarn *(Pteridium aquilinum)*, Wurmfarn *(Dryopteris filix-mas)*

Familien Adlerfarngewächse, Wurmfarngewächse

Merkmale Ausdauernd wachsend.
Adlerfarn: 50–250 cm hoch; Wedelblätter etagenartig, mehrfach gefiedert, im Umriss dreieckig; kriechende Rhizome, die sich weit ausbreiten können.
Wurmfarn: 40–120 cm hoch; trichterförmig, mit dunkelgrünen, doppelt gefiederten Wedeln; bildet mit kurzen Rhizomen dichte Horste.

Standort Halbschattig bis schattig. Humoser, frischer bis feuchter Boden, für den Adlerfarn sauer.

Anbau Im Herbst oder Frühjahr pflanzen, mit mindestens 70 cm Abstand. Vermehrung durch Teilen der Rhizome (unterirdische Wurzelsprosse).

Pflege In Trockenperioden gießen. Adlerfarn, wenn nötig, durch Abstechen der Ausläufer eindämmen. Im Frühjahr vertrocknete Wedel ausschneiden.

Sammelgut Von Juni bis Frühherbst voll entwickelte Farnwedel schneiden.

FARNKRAUT-JAUCHE

Zubereitung 1 kg frisches oder 100–200 g getrocknetes Farnkraut je 10 l Wasser ansetzen. Rund 10 bis 20 Tage gären lassen. Wenn die Jauche nicht mehr schäumt, abseihen und je nach Verwendung verdünnen.

Anwendung
— Gegen Blattläuse 1:10 verdünnt auf die Pflanzen spritzen; gegen Rostpilze unverdünnt spritzen.
— Gegen Schnecken 1:10 verdünnt auf den Boden gießen. Adlerfarn-Jauche kann mit ihrem recht hohen Kaliumgehalt auch als Düngejauche ausgegossen werden.
— Für Winterspritzungen gegen Schild- und Blutläuse an Obstbäumen unverdünnt auf Stamm und Krone ausbringen.

Zubereitung einer Wurmfarn-Brühe.

Adlerfarn im Frühsommer am Wiesenrand

FARNKRAUT-BRÜHE

Zubereitung 5 kg frisches oder 500 g getrocknetes Farnkraut in 10 l Wasser geben und 24 Stunden einweichen. Aufkochen und rund 30 Minuten simmern lassen. Abseihen, abkühlen lassen und 1 : 5 verdünnen.

Anwendung
— Wie Farnkraut-Jauche (die Brühe aber auch gegen Rostpilze 1 : 5 verdünnen).

FARNKRAUT-EXTRAKT

Zubereitung 5–10 g getrocknetes Farnkraut in 1 Liter Wasser ansetzen; in einem verschlossenen, dunkel getönten Glasgefäß 4 bis 6 Stunden ziehen lassen. Dann die festen Teile über ein Baumwoll- oder Leinentuch absieben und kräftig ins Gefäß auspressen, in dem der Extrakt dann auch verwahrt wird.

Anwendung
— Über Winter unverdünnt zum Ausbürsten von Blutlaus- und Schildlausnestern an Obstbäumen.
— Im zeitigen Frühjahr 1 : 10 verdünnt zur vorbeugenden Spritzung gegen Blut- und Schildläuse an Obstbäumen.
— Im Frühsommer 1 : 20 verdünnt gegen Blut-, Schild- und Blattläuse an Obstbäumen.

GIERSCH

Wenn sich der Giersch im Garten breitmacht, wird er nicht gerade freudig begrüßt. Tatsächlich kann die ausdauernde Pflanze mit ihrem kriechenden Wurzelstock, langen Ausläufern und starker Samenbildung ebenso lästig werden wie Quecke und Ackerwinde. Bei übermäßiger Ausbreitung sollten die unterirdischen Rhizome äußerst sorgfältig beseitigt werden. Denn selbst kleine Reststücke treiben wieder von Neuem aus; Umgraben kann das noch verstärken. Schlimmstenfalls muss man vom Giersch überwucherte Flächen etliche Monate mit kräftiger schwarzer Mulchfolie abdecken, bis den Rhizomen unter Licht- und Luftmangel die Austriebslust vergeht.

Es gibt aber noch eine andere Möglichkeit, den Giersch „auszuhungern", zumindest aber im Zaum zu halten: durch häufiges Beernten. Im Frühjahr lassen sich die Blätter und jungen Sprosse als schmackhaftes, vitaminreiches Wildgemüse genießen. Und was ansonsten aufwächst, landet regelmäßig in der Jauchetonne – und kommt als nährstoffreicher Flüssigdünger den Gartenpflanzen zugute. Bei einer gut angesetzten Jauche kann der intensive Gärprozess sogar bereits angesetzte Samen „entschärfen". Gibt man die Samenstände dagegen zum Kompost, droht das Risiko, dass die Hitze beim Verrotten nicht ausreicht. Schlimmstenfalls verteilt man dann mit dem reifen Kompost noch keimfähige Gierschsamen im ganzen Garten.

GIERSCH-JAUCHE

Zubereitung 1 kg frisches Kraut je 10 l Wasser ansetzen; die Stängel gut zerkleinern. Kann auch mit anderen nährstoffreichen Kräutern kombiniert werden, z. B. mit Ackerschachtelhalm, Bärlauch, Brennnessel, Taubnessel, Vogelmiere. 15 bis 20 Tage gären lassen. Wenn die Jauche nicht mehr schäumt, abseihen und 1 : 10 verdünnen.

Anwendung

— Als Dünger, besonders für Starkzehrer-Gemüse wie Tomate, Paprika, Kohl; auch für wüchsige Sommerblumen sowie die Frühjahrsdüngung von Obstgehölzen. Dazu im Wurzelbereich auf den Boden gießen; während der Hauptwachstumszeit alle 1 bis 3 Wochen, je nach Wuchsstärke der Pflanzen.

— Das Ausgießen auf unerwünschte Gierschbestände kann angeblich auch deren Wuchsfreude hemmen. Möglicherweise spielt hier die bei Doldenblütlern verbreitete Selbstunverträglichkeit eine Rolle. Aus diesem Grund sollte man Jauchen mit Giersch auch nicht für Doldenblütler-Gemüse wie Möhren, Pastinaken, Sellerie, Fenchel und Petersilie verwenden.

PFLANZENSTECKBRIEF

Botanischer Name *Aegopodium podagraria*
Familie Doldenblütengewächse
Merkmale Ausdauerndes Kraut, 30–100 cm hoch, mit kantigen, gefurchten Stängeln; Blätter lang gestielt, dreieckig, doppelt dreizählig gefiedert mit gesägten Rändern. Dünne, bis 50 cm lange Rhizomausläufer. Von Mai bis August weiße Doldenblüten.
Standort Bevorzugt leicht beschattet bis halbschattig. Lehmiger, nährstoffreicher, frischer bis feuchter Boden.
Anbau Nicht nötig, im Garten auch nicht ratsam. Kann aber im Kübel kontrolliert ausgesät werden.
Pflege Nicht nötig. Blütenstände spätestens vor der Samenbildung entfernen.
Sammelgut Triebe und Blätter von Frühjahr bis Herbst.

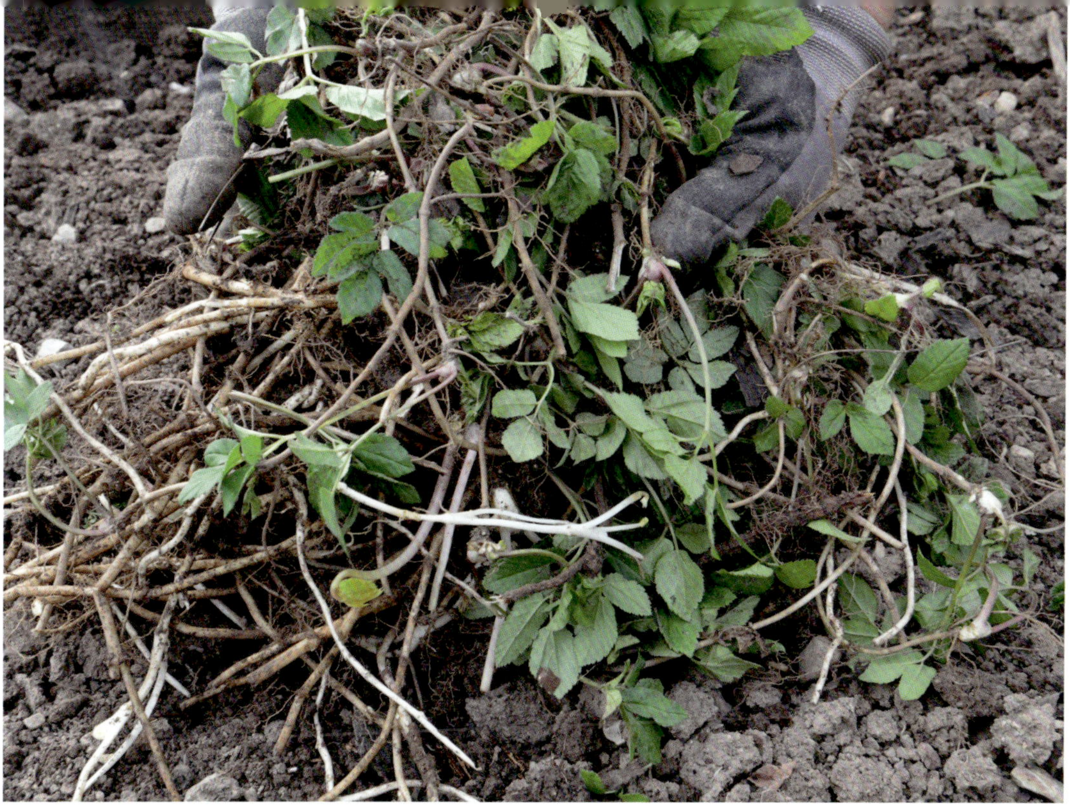

01

02

03

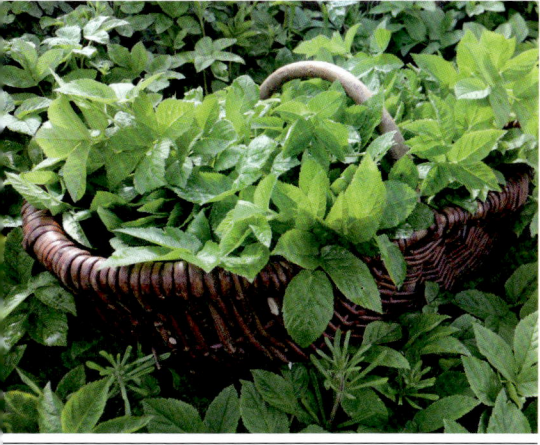

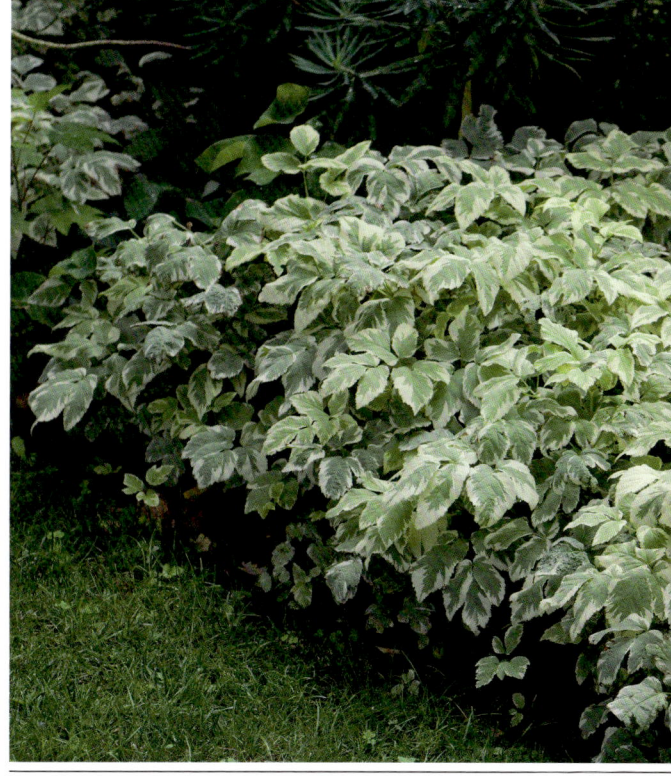

01 Nimmt Giersch überhand, müssen die Ausläufer gründlich entfernt werden.

02 Gierschblätter eignen sich zum Verjauchen – oder auch als schmackhaftes Wildgemüse.

03 Die schmucke Gierschsorte 'Variegatum' lässt sich als Bodendecker einsetzen.

HOLUNDER

Spricht man vom Holunder oder Holler, ist üblicherweise der Schwarze Holunder gemeint. Der robuste Strauch wächst in Europa fast überall wild und recht häufig: in Siedlungsnähe, in Feldhecken, an Waldrändern, auf Lichtungen und an Böschungen. Holunder hat zudem seit alters und bis heute seinen festen Platz in vielen Gärten. Er ist ein ansprechender Strauch und zugleich anspruchslos. Seine weißen Blüten eröffnen den Frühsommer, seine tiefschwarzen Früchte zeigen den Beginn des Frühherbsts an. Sehr gut macht sich Holunder als Schatten spendendes Gehölz am Kompostplatz.

Im Holler hausen nach altem Glauben gute Geister.

PFLANZENSTECKBRIEF

Botanischer Name *Sambucus nigra*
Familie Geißblattgewächse
Merkmale Sparrig verzweigter Strauch oder Baum mit überhängenden Trieben, 4–7 m hoch; gefiederte, sattgrüne Blätter, laubabwerfend. Mai bis Juni weiße Blütchen in breiten, flachen Schirmrispen, streng riechend. Ab September glänzend schwarze, erbsengroße Steinfrüchte („Holunderbeeren").
Standort Sonnig bis schattig, im Schatten schwächere Blüte. Jeder durchlässige, nicht zu feuchte Boden.
Anbau Pflanzung im Herbst oder Frühjahr, mit wenigstens 3–4 m Platz rundum.
Pflege Gelegentlich mit Kompost versorgen. Alle 2 bis 3 Jahre durch Herausschneiden alter und störender Triebe auslichten. Bei Bedarf auch kräftiger Rückschnitt möglich.
Sammelgut Blätter ab der Entfaltung bis zum Herbst.

Damit sind seine Vorzüge noch lange nicht erschöpft. Die Früchte und die recht streng duftenden Blütenschirme lassen sich sowohl medizinisch wie auch kulinarisch nutzen. Für den Garten werden dazu besonders reich tragende Fruchtsorten angeboten. Aber Vorsicht: Roh oder gar unreif verzehrt können die Früchte schwere Verdauungsstörungen hervorrufen. Uneingeschränkter Genuss winkt erst nach dem Verarbeiten zu Marmelade, Gelee oder Saft. Die leicht giftigen Glykoside in den rohen Früchten sind in den Blättern und der Rinde noch stärker konzentriert. Dazu kommt der penetrante Geruch, wenn man die Blätter zu Jauche verarbeitet: Das mögen Wühlmäuse gar nicht.

HOLUNDERBLÄTTER-JAUCHE

Zubereitung 1 kg Blätter je 10 l Wasser ansetzen. 15 bis 20 Tage gären lassen. Wenn die Jauche nicht mehr schäumt, wird sie abgesiebt.

Holunderblätter sind sehr ergiebig.

Vorbereiten einer Holunder-Jauche

und auf Wiesen findet man die Echte Kamille nur noch recht selten.

Von daher kommt man durch Aussaat im Garten einfacher zu den Mengen an Blütenköpfchen, die man für heilsame Tees und für Pflanzenschutzzwecke braucht. Wenn Sie in der Natur sammeln wollen, müssen Sie aufpassen, dass Sie keine anderen, unbrauchbaren Kamillearten erwischen, wie z. B. die Stinkende Hundskamille *(Anthemis cotula)*. Schneiden Sie im Zweifelsfall ein paar Blütenköpfe der Länge nach auf: Bei der Echten Kamille ist über dem Blütenboden deutlich ein Hohlraum zu sehen; bei den anderen Arten sind die Blütenköpfe unten fest mit Mark gefüllt.

Anwendung

— Mehrmals unverdünnt in Wühlmausgänge gießen.
— Gießen auf den Boden kann auch gegen Ameisennester und Erdraupen helfen.
— Vorbeugend gegen Kohlweißlingsraupen und andere Schadraupen spritzen, vorher 1 : 5 verdünnen.

KAMILLE

Die Echte Kamille ist eine der ältesten Heilpflanzen. Mit ihren wirkungsvollen ätherischen Ölen wird sie bis heute zum Lindern von Magenbeschwerden, Entzündungen und Erkältungen geschätzt. Wild wachsende Kamille war früher ein typisches Begleitkraut in Getreidefeldern, ist heute dort aber kaum noch zu sehen: Unkrautvernichtungsmittel haben ihr das Überleben in der freien Landschaft schwer gemacht. Auch an Wegrändern

PFLANZENSTECKBRIEF

Botanischer Name *Matricaria recutita*
Familie Korbblütengewächse
Merkmale Einjähriges Kraut, 20–50 cm hoch; locker buschig, mit fein gefiederten Blättern. Von Mai bis August weiße Blütenkörbchen mit gelber, hochgewölbter Mitte.
Standort Sonnig. Humoser, aber nicht allzu nährstoffreicher Boden, bevorzugt kalkhaltig.
Anbau Ende März bis Mai ins Beet säen, in Reihen mit 20–25 cm Abstand oder breitwürfig; Lichtkeimer. Später in der Reihe auf 15–20 cm Abstand ausdünnen. Für eine frühere Ernte ist auch Herbstsaat Ende August bis September möglich.
Pflege Bei anhaltender Trockenheit gießen. Noch junge Kamillepflanzen werden leicht überwuchert, deshalb konkurrierende Wildkräuter regelmäßig jäten.
Sammelgut Blütenköpfchen von Mai bis Spätsommer; für Brühe und Jauche auch das Kraut.

Kamillenblüten: heilsam für Menschen und Pflanzen

Zu den ältesten Anwendungen im Biogarten gehört das Beizen von Saatgut mit Kamillenblüten-Tee. Die Kamillenöle, Cumarine und organischen Säuren, die bei uns entzündungshemmend und antibakteriell wirken, verleihen offensichtlich auch Samen, Keimlingen sowie den Wurzeln einen Schutz.

KAMILLENBLÜTEN-TEE

Zubereitung Wie bei einem Kamillentee zum Trinken: 2 Teelöffel getrocknete Blüten auf eine Tasse geben, mit heißem Wasser übergießen und 10 Minuten ziehen lassen. Abkühlen lassen und absieben. Dann in 1 Liter lauwarmem Wasser verrühren, am besten in Regenwasser.

Anwendung

— Eignet sich besonders zum Beizen der Samen von Bohnen, Erbsen, Kohl, Rettich und Radieschen. Die Beize fördert die Keimung und schützt Samen und Sämlinge vor Fäulnis und Pilzkrankheiten. Dazu die Samen in eine Schale mit dem verdünnten Tee geben oder in einem Baumwollsäckchen in die Flüssigkeit hängen. Nach 15 bis 30 Minuten herausnehmen

und auf Küchenpapier ausbreiten; an einem schattigen Platz etwas abtrocknen lassen, dann bald aussäen.

KAMILLENBLÜTEN-KALTWASSERAUSZUG

Zubereitung Eine Handvoll getrocknete Kamillenblüten in 1 Liter lauwarmes Wasser geben. Zugedeckt 12 bis 24 Stunden ziehen lassen. Dann abseihen, auspressen und 1 : 5 mit Wasser verdünnen.

Alternativ kann man auch das Kraut samt Blüten zu einer Jauche vergären lassen. Dazu eine Handvoll getrocknetes Kraut in 1 bis 2 l Wasser geben, zugedeckt ein paar Tage ziehen lassen, bis die Gärung abgeschlossen ist; zwischendurch umrühren. Zum Ausbringen 1 : 5 mit Wasser verdünnen.

Anwendung

— Auf den Boden und über den Kompost ausgießen, über die Pflanzen spritzen. Stärkt die Widerstandskräfte, besonders gegen Wurzelkrankheiten, und fördert gesundes Wachstum.

Echte Kamille: nur „echt" mit hohem Blütenkopf.

☞ HÄUFIGE KRANKHEITEN AN GARTENPFLANZEN

Kraut- und Braunfäule an Tomate

Quitten mit Monilia-Fruchtfäule

Falscher Mehltau an Veilchen

Kräuselkrankheit des Pfirsichs

Echter Mehltau an Feldsalat

Grauschimmel (Botrytis) an Erdbeeren

Apfelschorf

Fröhliche, warme Blütenfarben und dekorative Blätter: Die Kapuzinerkresse weiß auch als Bodendecker zu gefallen.

PFLANZENSTECKBRIEF

Botanischer Name *Tropaeolum majus*
Familie Kapuzinerkressengewächse
Merkmale Einjährige Sommerblume, 25 – 40 cm hoch oder niederliegend bzw. kletternd mit bis zu 3 m langen Trieben; schildförmige Blätter an langen Stielen. Von Juli bis Oktober große gelbe, orange oder rote Trichterblüten.
Standort Sonnig bis halbschattig. Humoser, nährstoffreicher, gut durchlässiger, frischer Boden.
Anbau Im April vorziehen, ab Mitte Mai auspflanzen. Oder Ende April bis Juni direkt an Ort und Stelle säen. Pflanzabstand 25 – 30 cm, bei langtriebigen Klettersorten 40 – 50 cm. Auch gut für Balkonkästen und Töpfe geeignet.
Pflege Gleichmäßig gut feucht halten. Alle 4 bis 6 Wochen düngen, mit stickstoffarmem Dünger. Langtriebige Sorten aufleiten.
Sammelgut Blätter oder ganzes Kraut samt Blüten von Mai bis Spätsommer.

KAPUZINERKRESSE

Die aus Südamerika stammende Kapuzinerkresse wurde schon vor Jahrhunderten nach Europa eingeführt – und hielt rasch Einzug in zahlreiche Bauerngärten. Sie überzeugt nicht nur mit ihren hübschen Blättern und leuchtenden Blütenfarben: Junge Blätter und Blüten sind auch essbar, etwa als Salatbeigabe, und die Blütenknospen sowie die Samen lassen sich in Salz und Essig als „falsche Kapern" einlegen.

Das Kraut ist reich an Vitaminen und Mineralstoffen, außerdem an Senfölen. Diese hemmen Bakterien, Pilze und Viren. Deshalb wird die Kapuzinerkresse auch als Arzneipflanze geschätzt, z. B. bei Atemwegsinfektionen und Blasenentzündungen. Bei Pflanzenauszügen tragen solche Inhaltsstoffe ebenfalls zur Wirkung bei. Neben den schon länger üblichen Anwendungen gegen Blut- und Schildläuse bieten sich Kapuzinerkressen-Tees auch

für eigene kleine Versuche an, etwa zum vorbeugenden Schutz im Gemüsegarten.
Im Garten gepflanzt, zieht die Kapuzinerkresse Läuse, besonders schwarze Blattläuse,
stark an – und damit von anderen Pflanzen
ab. Das nutzt man gezielt, indem man die Kapuzinerkresse beispielsweise unter Obstbäume oder neben Bohnen pflanzt. Sie sieht dann
zwar nicht mehr ganz so hübsch aus, verkraftet jedoch den Läuseansturm recht gut. Sehr
stark befallene Pflanzen werden aber besser
entfernt. Langtriebige Sorten eignen sich
nicht nur hervorragend, um als Kletterpflan-
zen Zäune, Rankgerüste und Pergolen zu
schmücken: Sie können auch neben den Kompost gepflanzt werden, um diesen mit ihren
dicht beblätterten Ranken zu beschatten.

KAPUZINERKRESSE-TEE

Zubereitung Zwei Handvoll frisches Kraut
mit ½ l kochendem Wasser übergießen.
15 Minuten ziehen lassen und dabei gut umrühren. Dann abseihen und ausdrücken.
Lässt sich gut eine Zeit lang in dunklen, verschlossenen Flaschen aufbewahren. Wird
unverdünnt verwendet.

Anwendung

— Zum Spritzen gegen Blut- und Schildläuse
an Obstbäumen und anderen Pflanzen.
Über Winter auch zum Ausbürsten von
Blutlausnestern.
— Zum Nachbehandeln und Desinfizieren
von Krebsstellen an Obstbäumen, nach
dem Ausschneiden der befallenen Partien.

Buschige Sorten passen auch zum Gemüse.

Kletternde Sorten verschönern jeden Zaun.

KNOBLAUCH

Die früher erhoffte Wirkung von Knoblauch gegen Pest und Vampire ließ sich wissenschaftlich leider nicht bestätigen. Doch davon abgesehen, zählt Knoblauch zu den wichtigsten pflanzlichen Heilmitteln. Die hohe Konzentration an schwefelhaltigen Inhaltsstoffen verleiht den Knoblauchzehen nicht nur den etwas unangenehmen Geruch, sondern kann effektiv Infektionen eindämmen – beim Menschen ebenso wie bei Pflanzen.

PFLANZENSTECKBRIEF

Botanischer Name *Allium sativum*
Familie Zwiebelgewächse
Merkmale Meist einjährig gezogene Zwiebelpflanze, 50–80 cm hoch; lange, schmale, überhängende Blätter; unterirdische Speicherorgane, als "Knollen" bekannt, mit einer Hauptzwiebel und Nebenzwiebeln ("Zehen"). Von Juli bis September weiße oder rötliche Blütenstände mit kräftigem Schaft.
Standort Sonnig, am besten vollsonnig. Lockerer, humoser Boden, ohne frische Stickstoffdüngung.
Anbau Im Frühjahr oder Herbst einzelne Zehen in den Boden stecken, mit der Spitze rund 2 cm unter der Oberfläche (Zwiebelboden nach unten). Abstand 20–25 cm × 15 cm (Reihenabstand / Pflanzenabstand).
Pflege Gleichmäßig leicht feucht halten, besonders im Frühsommer zur Hauptwachstumszeit.
Sammelgut Knoblauchzehen (wenn die Blätter verbräunen und umkippen); Ernte bei Herbstpflanzung ab Juli, bei Frühjahrspflanzung im August und September.

Knoblauch hemmt, ebenso wie Zwiebeln, neben pilzlichen Krankheitserregern auch Bakterien und teils sogar Viren. Da man im Pflanzenbau manche Bakterienkrankheiten immer häufiger beobachtet, könnten konzentrierte Knoblauchauszüge an Bedeutung gewinnen. Denn gegen Bakterien gibt es, abgesehen von mäßig wirksamen Kupferpräparaten, keine einsetzbaren Pflanzenschutzmittel. Nicht zu vergessen die Schädlinge: Vor allem Milben und Möhrenfliegen scheint der Knoblauch zu „stinken".

KNOBLAUCHZEHEN-TEE

Zubereitung Auf 1 Liter Wasser kommen 50–60 g frische, klein gehackte Knoblauchzehen. Den Knoblauch mit dem erhitzten (noch nicht kochenden) Wasser übergießen; 24 Stunden abgedeckt ziehen lassen. Dann abseihen und je nach Anwendung verdünnen. Zum Verbessern der Verteilung und Haftfähigkeit kann 1 Teelöffel feines Paraffin zugegeben werden.

Anwendung

— Zur Vorbeugung und bei Befall gegen Pilz- und Bakterienkrankheiten 1 : 3 verdünnt auf die Pflanzen spritzen; wenn nötig, alle paar Tage wiederholen. Zeigt unter anderem recht gute Wirkung gegen Echten Mehltau, Grauschimmel, Krautfäule bei Tomate und Kartoffel, Kräuselkrankheit beim Pfirsich. Vorbeugend auch gegen Monilia beim Steinobst.
— Zum Spritzen gegen Spinnmilben und Erdbeermilben 1 : 7 verdünnen.
— Die Wurzelballen von Setzlingen in 1 : 7 verdünnten Knoblauch-Tee eintauchen, 1 bis 2 Stunden danach auspflanzen; kann die Wurzeln vor Bodenpilzen schützen.
— Samen zum Beizen in einem Baumwollsäckchen in Knoblauch-Tee (1 : 7 verdünnt) hängen. Nach 15 bis 30 Minuten herausnehmen und auf Küchenpapier am schattigen Platz etwas abtrocknen lassen; dann bald aussäen.

Knicken die Blätter um, wird geerntet.

Die Pflanzzehen kommen rund 2 cm unter die Erde.

KNOBLAUCHZEHEN-JAUCHE

Zubereitung 500 g frische, klein gehackte Knoblauchzehen je 10 l Wasser ansetzen. Der Knoblauch lässt sich hier auch gut mit Zwiebelschalen und -blättern mischen, ebenso mit etwas Ackerschachtelhalm. 8 bis 20 Tage gären lassen, bis die Jauche nicht mehr schäumt. Dann abseihen und je nach Verwendung verdünnen.

Anwendung

— Vorbeugend 1 : 10 verdünnt gegen Pilz- und Bakterienkrankheiten auf den Boden spritzen oder gießen, vor allem in Gemüsebeeten und unter Obstbäumen.

— Unverdünnt über heranwachsende Möhren sprühen, zur Vorbeugung gegen Möhrenfliegen.

— Teils wurden gute Abwehreffekte gegen Nacktschnecken beobachtet. Hier kann man etwas „experimentieren", am besten mit unverdünnter Jauche; auch in Kombination mit Rhabarberblatt-Jauche sowie Farnkraut- und Rainfarn-Brühe.

MISCHJAUCHEN MIT KNOBLAUCH

Knoblauch eignet sich besonders gut für gemischte Jauchen, die grundsätzlich die Pflanzen stärken und verschiedenen Schaderregern vorbeugen. Der Knoblauch ist hier eine starke „Anti-Pilz-Komponente", erst recht im Verein mit Zwiebel und Schachtelhalm. Dazu kann grundsätzlich alles kommen, was sich als Jauche bewährt hat: z. B. Beinwell, Brennnessel, Farnkraut, Löwenzahn, Ringelblume, Seifenkraut, Wermut.

Insgesamt setzt man, wie beim Jauchen-Grundrezept, 1 kg frische Pflanzenteile auf 10 l Wasser an; mit einem Knoblauchanteil von bis zu 300 g. Solche Mischungen werden ausschließlich auf den Boden gegossen, nicht auf die Pflanzen.

Die Wurzeln lassen sich medizinisch und kulinarisch nutzen.

LÖWENZAHN

Wenn der Löwenzahn seine kugeligen Fruchtstände ausbildet, wird er zur „Pusteblume": Dann verteilt der Wind die unzähligen kleinen Früchte mit den haarigen Flugschirmen in alle Richtungen. Die Samen keimen fast überall, wo sie hinfallen; selbst in den kleinsten Pflasterfugen, auf oft betretenen Wegen, auf Ödland und Schutthalden. Unter solchen Bedingungen bleibt der Löwenzahn klein und duckt sich am Boden an. Doch am liebsten besiedelt die anpassungsfähige Pflanze gut gedüngte Wiesen, Weiden, Äcker und Gärten, hier besonders gern den Rasen. Dann wächst sie üppig und präsentiert sich als deutlicher Stickstoffzeiger – und als hartnäckiges Wildkraut, das sich mit seinen kräftigen Pfahlwurzeln nur mühsam entfernen lässt.

Löwenzahn liefert aber auch schmackhafte, vitamin- und mineralstoffreiche junge Blätter. Seine Blüten sind ebenfalls essbar und die Wurzeln können wie beim Chicorée angetrieben oder für Kaffee-Ersatz geröstet werden. Dafür gibt es sogar spezielle Auslesen und Kultursorten zum Anbauen. Schließlich enthält der Löwenzahn auch viele gesunde Substanzen wie Bitterstoffe, Sesquiterpene und Inulin. Die Vielfalt an förderlichen Stoffen und sein hoher Stickstoff- und Kaliumgehalt machen den Löwenzahn zu einem hervorragen „Rohstoff" für Pflanzenauszüge.

LÖWENZAHN-JAUCHE

Zubereitung 1,5–2 kg frische Blätter und Blüten je 10 l Wasser ansetzen. 8 bis 14 Tage gären lassen. Wenn die Jauche nicht mehr schäumt, abseihen und je nach Verwendung verdünnen.

Anwendung

— Im Frühjahr und Frühsommer zur Wachstumsförderung mehrmals über die Pflanzen sprühen oder gießen. Bei kräftigen Pflanzen und Starkzehrer-Gemüse sowie Gehölzen unverdünnt, bei zarten Jungpflanzen 1 : 5 verdünnt. Kann bei Fruchtgemüse und Obst die Fruchtqualität verbessern.

— Im zeitigen Frühjahr in noch leeren Beeten unverdünnt auf den Boden und auf

Auch die Blüten eignen sich für Auszüge.

Für Tees kann man die ganze Pflanze verwenden.

die Baumscheiben von Obstbäumen gießen, zur Anregung des Bodenlebens und für gesunden Baumaustrieb. Kann beim Obst im Herbst wiederholt werden.

— Gelegentliches Übergießen des Komposts unterstützt die Zersetzung und verbessert den Nährstoffgehalt.

LÖWENZAHN-TEE

Zubereitung Da in größeren Mengen verwendbar, am besten in entsprechend großen Töpfen aufbrühen: mit 150–200 g Blätter und Blüten auf 10 l Wasser; auch zerkleinerte Wurzeln können hinzugefügt werden. Die Pflanzenteile mit heißem Wasser übergießen; 15 bis 30 Minuten abgedeckt ziehen lassen. Aufgüsse mit Wurzelstücken dann noch einige Stunden stehen lassen, damit sich die Inhaltsstoffe gut im Tee lösen. Danach abseihen und unverdünnt verwenden.

Anwendung

— Im Frühjahr und Frühsommer über die Pflanzen sprühen. Fördert ebenso wie die Jauche die Fruchtqualität sowie ein harmonisches Wachstum. Eignet sich besonders für Obstbäume, Beeren und Fruchtgemüse wie Tomate und Zucchini, zum Fördern der Fruchtqualität.

PFLANZENSTECKBRIEF

Botanischer Name *Taraxacum officinale*
Familie Korbblütengewächse
Merkmale Ausdauerndes Kraut, 10–30 cm hoch; gelappte Blätter in grundständiger Rosette; bis 100 cm lange Pfahlwurzel. Unbeblätterte, röhrige Blütenstängel, innen mit Milchsaft. Ab April gelbe Korbblüten, Nachblüte oft bis zum Herbst; rundlicher, weißer, flaumig wirkender Fruchtstand.
Standort Sonnig bis halbschattig. Jeder nicht zu nasse Boden; bevorzugt humos und nährstoffreich.
Anbau Kultursorten März bis Mai oder im August/September ins Beet säen; Reihenabstand 30 cm, auf 20–30 cm vereinzeln. Kann ein- oder mehrjährig gezogen werden.
Pflege Gleichmäßig leicht feucht halten; Boden häufig lockern. Im Frühjahr mit Kompost versorgen.
Sammelgut Blätter und Blüten, für Tee auch Wurzeln; von Spätfrühling bis Frühherbst.

MEERRETTICH

Der aus Südosteuropa stammende Meerrettich, auch bekannt als Kren, wird bei uns schon seit dem Mittelalter genutzt. Er hat sich vielerorts als Wildpflanze ausgebreitet, besonders an Bach- und Flussufern sowie auf feuchten Wiesen. Wer viele kräftige Wurzelstangen ernten will, baut den Meerrettich aber besser im Garten an. Zum Pflanzen verwendet man sogenannte Fechser: bleistift- bis fingerdicke Teilstücke von den Seitenwurzeln. Die werden teils im Fachhandel als Pflanzgut angeboten. Ansonsten kann man sie von gesunden, frischen Meerrettichstangen vom Markt oder aus der Gemüsetheke schneiden. Aber Vorsicht: Meerrettich neigt zu starker Ausbreitung und treibt selbst aus kleinen Wurzelstücken im Boden immer wieder aus.

Der markante, scharfe Geschmack der klein geriebenen Wurzeln wird durch verschiedene Senföle hervorgerufen, die antibiotisch wirken. Außerdem ist Meerrettich reich an Vitaminen und Mineralstoffen wie Kalium, Magnesium und Eisen. Das macht ihn zu einer ausgesprochen gesunden Würze für den Speiseteller und zu einem guten Grundstoff für Pflanzenauszüge gegen die Monilia-Krankheit.

MEERRETTICH-TEE UND -BRÜHE

Zubereitung Für einen Tee kommen auf 1 Liter Wasser 300–500 g zerkleinerte Blätter und Wurzeln. Diese mit dem erhitzten (nicht

Aus den Seitenwurzeln des Meerrettich kann man Fechser zur Vermehrung schneiden.

kochenden) Wasser übergießen; 24 Stunden abgedeckt ziehen lassen, des Öfteren umrühren. Dann abseihen und 1:5 verdünnen. Alternativ können 300 g zerkleinerte Blätter und Wurzeln auf 10 l Wasser als Brühe angesetzt werden: Die Pflanzenteile 24 Stunden einweichen, dann aufkochen, 20 Minuten simmern lassen, nach dem Abkühlen abseihen und unverdünnt verwenden.

Anwendung

— Zur Vorbeugung und Eindämmung von Monilia-Fruchtfäule an Stein- und Kernobst, Blüten-Monilia an Steinobstbäumen sowie gegen Monilia-Spitzendürre an Sauerkirsche.

— In die Blüten und Baumkronen spritzen; besonders bei feuchtem Wetter während der Blütezeit, mehrmals wiederholen. Auch gut geeignet zur Nachbehandlung der Spitzendürre nach dem Rückschnitt erkrankter Zweige.

Meerrettich liefert reichlich Blätter für Auszüge.

Die Blüten erscheinen im Frühsommer.

Ab Juli kann man den blühenden Rainfarn schneiden.

Die Stängel werden gut zerkleinert.

Für Brühen gibt man 300 g Kraut auf 10 l Wasser.

RAINFARN

Die gefiederten, ein wenig an Farne erinnernden Blätter führten vermutlich zu der Bezeichnung „Rainfarn". Mit den Farnen hat diese verbreitete Wildstaude allerdings wenig gemein: Wenn die Blüten erscheinen, zeigt der Rainfarn seine Verwandtschaft mit der Schafgarbe und anderen Korbblütlern. Er breitet sich gern an sonnigen Weg-, Wiesenrändern und Bahndämmen aus, auf Kahlschlägen, Schutthalden und an Ufern. Man kann sich den Rainfarn auch über gekaufte Samen oder Jungpflanzen in den Garten holen, teils sogar in attraktiven Sorten. In

Schutzstreifen angepflanzt, vertreibt die streng aromatisch duftende Pflanze so manche Schädlinge, beispielsweise Kartoffelkäfer und Falter mit schädlichen Raupen. Rainfarn ist auch als „Wurmkraut" bekannt, weil man ihn früher für Wurmkuren einsetzte, ebenso z. B. gegen Flöhe und Kopfläuse. Doch bei der Einnahme kam es immer wieder zu Vergiftungen, wofür hauptsächlich der hohe Gehalt an Thujon (Bestandteil des ätherischen Öls) verantwortlich ist. Rainfarn enthält außerdem ähnliche Inhaltsstoffe wie die als Pflanzenschutzmittel verwendeten Pyrethrine (siehe S. 117). So lassen sich aus ihm gute Auszüge gegen Schädlinge gewinnen –

mit denen man allerdings etwas vorsichtig umgehen sollte. Wenn man etwas empfindliche Haut hat, trägt man am besten Handschuhe, denn Rainfarn kann Kontaktallergien auf der Haut auslösen.

Zum Bekämpfen von Schädlingen und Krankheiten gelten Teezubereitungen als besonders wirksam, weil sie die ätherischen Öle am besten extrahieren und binden.

RAINFARN-TEE

Zubereitung Auf 1 Liter Wasser kommen 30 g getrocknete Blüten oder blühendes Kraut. Diese mit dem kochenden Wasser übergießen; 15 bis 30 Minuten abgedeckt ziehen lassen. Nach dem Abkühlen abseihen und unverdünnt verwenden.

Anwendung

— Gegen Blattläuse, Erdbeer-, Brombeermilben und Spinnmilben, Erdbeerblütenstecher, Gemüsefliegen, Lauchmotte, Frostspanner, Apfelwickler und andere Schädlinge; gegen Rost und Mehltau. Die Pflanzen, wenn nötig, mehrmals übersprühen.
— Gegen Wurzelläuse und ähnliche im Boden lebende Schädlinge wiederholt auf die Erde gießen.
— Obstbäume schon im Herbst und Vorfrühling vorbeugend behandeln (unverdünnt). Von der Blüte bis zur Ernte den Tee 1 : 3 verdünnen.

RAINFARN-BRÜHE UND -JAUCHE

Zubereitung Für die Brühe 300 g frisches oder 30 g getrocknetes Kraut mit Blüten je 10 l Wasser ansetzen. Lässt sich auch gut mit Ackerschachtelhalm mischen. 24 Stunden

einweichen, dann aufkochen, 20 bis 30 Minuten simmern lassen. Nach dem Abkühlen abseihen und unverdünnt verwenden.

Für eine Jauche dieselbe Menge je 10 l Wasser ansetzen. 10 bis 20 Tage gären lassen. Wenn die Jauche nicht mehr schäumt, abseihen und unverdünnt verwenden.

Für Rainfarn-Brühe und -Jauche werden gelegentlich deutlich höhere Dosierungen empfohlen, bis hin zu 3 kg blühendes Kraut auf 10 l Wasser. Das kann bei starkem Schädlingsbefall durchaus sinnvoll sein. Denken Sie aber daran, dass eine intensive Rainfarn-Spritzung auch die Nützlinge stark beeinträchtigt.

Anwendung

— Wie Rainfarn-Tee.

Rhabarber kann durch Teilung vermehrt werden.

RHABARBER

Der ursprünglich aus dem Himalaya stammende Rhabarber kommt mit unserem Klima schon lange gut zurecht, ist aber kaum in die freie Landschaft „ausgebüxt". Wer ihn frisch genießen und zudem für Pflanzenauszüge nutzen will, setzt ihn in den Garten. Rhabarber braucht allerdings viel Platz, sodass man sich meist mit ein oder zwei Pflanzen begnügt, die schon recht ergiebig sind. Oft werden rotstielige Sorten bevorzugt, weil sie weniger Fruchtsäure enthalten und milder schmecken als grünstielige. Die Fruchtsäuren an sich sind aber bekömmlich und machen die Rhabarberstiele zusammen vielen Vitaminen und Mineralstoffen zu einem gesunden Genuss.

PFLANZENSTECKBRIEF

Botanischer Name *Rheum rhabarbarum*
Familie Knöterichgewächse
Merkmale Ausdauerndes Kraut, 100–150 cm hoch und ebenso breit. Große, am Rand gewellte, dunkelgrüne Blätter mit kantigen Stielen. Von Mai bis Juni gelblich weiße Blütenrispen auf kräftigem Schaft.
Standort Am besten sonnig, auch halbschattig. Tiefgründiger, humoser, nährstoffreicher, frischer bis leicht feuchter Boden.
Anbau Im Herbst oder Frühjahr pflanzen, mit den Triebknospen knapp unter der Erdoberfläche; etwa 150 cm Abstand zu den Nachbarpflanzen.
Pflege Im Frühjahr und Sommer gleichmäßig feucht halten. Im zeitigen Frühjahr Kompost geben, im Mai/Juni mit Hornspänen nachdüngen. Nach rund 8 Jahren im Herbst teilen und an anderer Stelle neu pflanzen.
Sammelgut Blätter von Frühsommer bis Frühherbst.

Weniger gesund ist die ebenfalls enthaltene Oxalsäure. Diese kann die Calciumaufnahme behindern, die Magen- und Darmschleimhaut reizen und sogar Vergiftungserscheinungen hervorrufen. Der Oxalsäuregehalt ist allerdings bis zum Frühsommer gut zu verkraften; am besten, wenn man den Rhabarber kocht oder mit Milchprodukten anrichtet. Erst zum Hochsommer hin steigt der Gehalt auf ein bedenkliches Maß an. Deshalb ist am Johannistag (24. Juni) beim Rhabarber traditionell Ernteschluss. Die in den Blättern noch stärker konzentrierte Oxalsäure ist vermutlich auch die wirksamste Komponente in Auszügen gegen Schädlinge.

RHABARBERBLÄTTER-BRÜHE
Zubereitung

Auch nach der letzten Ernte braucht der Rhabarber seine Blätter, um genug Kräfte für den nächsten Austrieb zu sammeln. Daher nimmt man besser kleinere Mengen: pro Liter Was-

Mit den Jahren beansprucht Rhabarber viel Platz. Daran sollte man schon beim Setzen der Jungpflanzen denken.

ser 150–180 g frische Blätter. Die Blätter 24 Stunden einweichen. Dann aufkochen und rund 30 Minuten simmern lassen. Abseihen, abkühlen lassen und je nach Verwendung verdünnen.

Anwendung

— Gegen Blattläuse, besonders gegen Schwarze Bohnenläuse, sowie Lauchmotten, Schmetterlingsraupen und Spinnmilben; bei kräftigen, gut entwickelten Pflanzen unverdünnt, bei zarten Jungpflanzen 1 : 5 verdünnt spritzen. Bei starkem Befall alle paar Tage wiederholen.

— Das Übersprühen der Pflanzen kann auch Pilzkrankheiten vorbeugen.

RHABARBERBLÄTTER-JAUCHE

Zubereitung Hier gibt man 100–150 g frische Blätter auf jeweils 1 Liter Wasser. 8 bis 14 Tage gären lassen. Wenn die Jauche nicht mehr schäumt, abseihen und 1 : 5 verdünnen.

Anwendung

— Wie Rhabarberblätter-Brühe, besonders gegen Blattläuse und Schmetterlingsraupen.

— Gegen Schnecken unverdünnt auf den Boden gießen.

RHABARBERBLÄTTER-TEE

Zubereitung Auf 1 Liter Wasser kommen 150–180 g Blätter. Diese mit dem kochenden Wasser übergießen. 15 bis 20 Minuten abgedeckt ziehen lassen und nach dem Abkühlen unverdünnt ausbringen.

Anwendung

— Nutz- und Zierpflanzen zum Stärken der Widerstandskräfte übersprühen.

— Kartoffeln zum Vorbeugen gegen Krautfäule wöchentlich spritzen, ebenso ab Juni bereits kräftig entwickelte Tomaten.

— Zum Bekämpfen von Lauchmotten wiederholt spritzen.

Ringelblumen breiten sich gern von selbst aus.

PFLANZENSTECKBRIEF

Botanischer Name *Calendula officinalis*
Familie Korbblütengewächse
Merkmale Einjährige, seltener zweijährige Sommerblume, 30–60 cm hoch. Orange oder gelbe Blüten von Juni bis Oktober; raupenartig geringelte Früchte.
Standort Sonnig bis halbschattig. Durchlässiger, humoser Boden.
Anbau Februar bis März bei 14–16 °C vorziehen oder ab April ins Freie säen; Pflanzenabstand 20–30 cm.
Pflege Bei anhaltender Trockenheit gießen; alle paar Wochen etwas organischen Dünger geben. Verblühtes entfernen, wenn keine Selbstaussaat gewünscht ist.
Sammelgut Blätter, Stängel und Blüten, vom späten Frühling bis zum Spätsommer.

RINGELBLUME

Eine uralte Heilpflanze, pflegeleicht, mit weithin leuchtenden Blüten, die zudem essbar sind, und im Naturgarten ebenso zu Hause wie im Balkonkasten: Die Ringelblume ist ein wahres Multitalent und eine ausgesprochen robuste Sommerblume. In milden Wintern können ihre Blüten bis in den Dezember hinein den Garten zieren. Niedrige, kompakte Sorten passen gut in gemischte Blumenkästen und Kübel. Die Ringelblume lässt sich außerdem als Gründüngungspflanze einsetzen, die Nematoden im Boden eindämmt, und zu pflanzenstärkender Jauche verarbeiten. Dass sie sich im Garten munter durch Selbstaussaat verbreitet, muss man ihr nicht krummnehmen: So liefert die Ringelblume immer wieder Nachschub für neue Pflanzenauszüge. Die Stärken von Ringelblumen-Jauchen liegen in ihren reichhaltigen Mischungen aus Spurennährstoffen, Kalium, Phosphor und heilsamen Substanzen wie Flavonoiden und Saponinen. Damit sind ihre Pflanzenauszüge eine gute Ergänzung zu stickstoffreichen Jauchen, beispielsweise aus Brennnesseln, Giersch und Beinwell.

RINGELBLUMEN-JAUCHE

Zubereitung 1 kg frisches Kraut samt Blüten mit 10 l Wasser ansetzen. 10 bis 20 Tage gären lassen. Wenn die Jauche nicht mehr schäumt, abseihen und 1 : 10 verdünnen.

Anwendung
— Bei allen Gartenpflanzen zum Stärken der Widerstandskräfte und als Ergänzung zu anderen Biodüngern. Alle 1 bis 2 Wochen über Boden und Pflanzen gießen, empfindlichere Pflanzen übersprühen.

SALBEI

Dieses mediterrane Würz- und Heilkraut hat sich längst in unseren Gärten etabliert – nicht zuletzt, weil der Salbei Fröste recht gut verkraftet, notfalls mit leichter Abdeckung. Wenn man sich nicht ganz darauf verlassen will, kann man ihn auch gut im Kübel halten und geschützt überwintern. Mit seinen recht großen, graugrünen Blättern und blauvioletten Blüten hat der aromatische Halbstrauch nebenbei einiges fürs Auge zu bieten.

Sein ätherisches Öl mit Bestandteilen wie Thujon und Kampfer wirkt in Heiltees unter anderem desinfizierend, entzündungs- und pilzhemmend. Dazu kommen gesundheitsfördernde Gerb- und Bitterstoffe. Im Garten können solche Wirkstoffe mitsamt den strengen Düften zur Abwehr von Schädlingen beitragen.

SALBEI-TEE

Zubereitung Auf 1 Liter Wasser kommen 10 g frische Blätter. Diese mit dem kochenden Wasser übergießen; 10 bis 15 Minuten abgedeckt ziehen lassen. Nach dem Abkühlen abseihen und 1 : 3 verdünnt ausbringen. Manche Gärtner bevorzugen einen Kaltwasserauszug (mit 50 g Blättern auf 1 Liter Wasser).

Anwendung

— Gegen Erdraupen (von Eulenfaltern) wiederholt auf den Boden gießen.
— Gegen Gemüsefliegen und Kohlweißlinge mehrmals in kurzen Abständen spritzen.
— Angießen von Jungpflanzen fördert gesundes Wachstum. Wiederholte Spritzungen verringern zudem die Anfälligkeit für Pilzkrankheiten.

PFLANZENSTECKBRIEF

Botanischer Name *Salvia officinalis*
Familie Lippenblütengewächse
Merkmale Halbstrauch, unten verholzend, 50–80 cm hoch. Länglich ovale Blätter, immergrün. Von Juni bis August hellblaue bis hellviolette Blüten.
Standort Sonnig. Gut durchlässiger, kalkhaltiger, gern auch humoser Boden.
Anbau Am einfachsten mit Jungpflanzen aus der Gärtnerei; Pflanzung ab Frühjahr mit 30–40 cm Abstand. Anzucht aus Samen ab März möglich; später Vermehrung durch Stecklinge oder Teilung.
Pflege Nur bei langer Trockenheit gießen. Im Herbst im Wurzelbereich vorsichtshalber mit Fichtenreisig oder Laub abdecken. Im Frühjahr alte Triebe einkürzen; gelegentlich eine Handvoll Kompost geben.
Sammelgut Blätter, vom späten Frühjahr bis Spätsommer; am wirksamsten kurz vor der Blüte im Juni.

Attraktiv sind Salbeisorten mit gemusterten Blättern.

Schachtelhalm-Tee ist vielseitig verwendbar.

Zum Ansetzen das Kraut gut zerkleinern

SCHACHTELHALM

Der urtümlich wirkende Schachtelhalm gehört zur Verwandtschaft der Farne und vermehrt sich wie diese über Sporen. Ackerschachtelhalm wächst wild an feuchten Plätzen wie Wiesenrändern, Gräben und Böschungen. In Äckern und Gärten kann er als hartnäckiges, unerwünschtes Wildkraut lästig werden.

Schachtelhalm wird seit alters als Heilpflanze geschätzt. Seine grünen Triebe enthalten Flavonoide und organische Säuren. Am wichtigsten aber ist sein ausgesprochen hoher Gehalt an Kieselsäure. Wegen der winzigen Kieselsäurekristalle nutzte man Schachtelhalm früher als Putzmittel für Zinngeschirr; deshalb ist er auch als „Zinnkraut" bekannt. Im Garten stärken Schachtelhalmauszüge nachhaltig die Widerstandskräfte von Pflanzen. Dazu tragen neben der Kieselsäure der Kalium- und Saponingehalt des Schachtelhalms bei. Ackerschachtelhalm lässt sich auch gut für gemischte Pflanzenauszüge verwenden, etwa im Verein mit Brennnesseln, Giersch, Rainfarn, Knoblauch, Zwiebeln und Tomatenkraut.

SCHACHTELHALM-BRÜHE UND -KALTWASSERAUSZUG

Zubereitung Für die Brühe 1–1,5 kg frisches oder 150–200 g getrocknetes Kraut in 10 l Wasser geben und 24 Stunden einweichen. Aufkochen und rund 30 Minuten simmern lassen. Abseihen, abkühlen lassen und 1 : 5 verdünnen.

Manche Gärtner bevorzugen einen Kaltwasserauszug, verzichten also nach dem Einweichen auf das Kochen. Der Kaltwasserauszug wird zum Gießen über den Boden 1 : 5 verdünnt, zum Spritzen der Pflanzen 1 : 10.

Anwendung

— Hilft z. B. gegen Echten und Falschen Mehltau, Rostpilze, Blattfleckenkrankheiten, Kraut- und Braunfäule bei Tomaten, Schorf und Monilia an Obstbäumen, Kräuselkrankheit beim Pfirsich, Sternrußtau an Rosen.

— Zum Vorbeugen gegen solche Pilzkrankheiten ab Frühjahr alle 2 bis 3 Wochen über Pflanzen und Boden spritzen; am besten vormittags bei sonnigem Wetter, das die Wirkung der Auszüge fördert.

Vor dem Kochen wird das Kraut eingeweicht.

— Sind im Garten oder Nachbargarten bereits Schadpilze aufgetreten, gefährdete Pflanzen 3 Tage lang hintereinander behandeln; wenn nötig, nach einer Woche wiederholen.

— Wirkt zudem gegen Schädlinge, wie bei der folgenden Schachtelhalm-Jauche beschrieben; in dem Fall ist die Jauche allerdings effektiver.

SCHACHTELHALM-JAUCHE

Zubereitung 1–1,5 kg frisches oder 150–200 g getrocknetes Kraut in 10 l Wasser geben. 2 bis 3 Wochen gären lassen. Wenn die Jauche nicht mehr schäumt, abseihen und 1 : 5 verdünnen.

Anwendung

— Gegen Blattläuse, Spinnmilben, Lauchmotten und andere Schädlinge. Behandlung, wenn nötig, alle paar Tage wiederholen.

— Vorbeugend gegen Pilzkrankheiten spritzen, wie bei der Schachtelhalm-Brühe beschrieben. Auch zum Ausgießen gegen Bodenpilze geeignet.

SCHACHTELHALM-TEE

Zubereitung 100 g frisches oder 15–20 g getrocknetes Kraut in 1 Liter Wasser geben und 24 Stunden einweichen. Dann gut 30 Minuten kochen. Abseihen, abkühlen lassen und 1 : 5 verdünnen.

Anwendung

— Zum Vorbeugen gegen Pilzkrankheiten, wie bei der Schachtelhalm-Brühe beschrieben.

— Zum Beizen von Samen, als Schutz gegen Auflaufkrankheiten. Dazu die Samen je nach Größe und Härte der Samenschale 15 bis 60 Minuten in ein Bad mit (verdünntem) Schachtelhalm-Tee legen, am besten in Leinensäckchen. Danach etwas abtrocknen lassen und bald säen.

— Jungpflanzen lassen sich stärken, indem man vor dem Setzen den Wurzelballen mit Tee übergießt oder sie kurze Zeit ganz darin „badet".

PFLANZENSTECKBRIEF

Botanischer Name *Equisetum arvense*
Familie Schachtelhalmgewächse
Merkmale Ausdauerndes Kraut, 20 – 50 cm hoch; mit langen unterirdischen Rhizomen und Ausläufern. Im Frühjahr erscheinen zuerst beigebraune, unverzweigte Stängel mit kolbenartigen Sporenähren. Diese sterben nach dem Ausstäuben der Sporen ab und machen dann Platz für die grünen, quirlig verzweigten Sommertriebe.
Standort Sonnig bis halbschattig. Bevorzugt feuchten, sandig lehmigen Boden.
Anbau Besser in der Natur sammeln als im Garten pflanzen, da sehr ausbreitungsfreudig. Ist ein eigener Anbau gewünscht, am besten im Kübel halten; die Sporenähren frühzeitig entfernen.
Pflege Braucht Feuchtigkeit, ansonsten sehr anspruchslos.
Sammelgut Grünes Kraut von Mai bis Mitte September; keine Kolben tragenden Stängel.

SCHAFGARBE

Für das Staudenbeet werden reich blühende Züchtungen der Wiesenschafgarbe angeboten. Doch nicht selten taucht die bescheidenere Naturform von selbst auf, vor allem in Rasen und Gartenwiesen. In der Landschaft besiedelt sie Weg- und Feldränder, Wiesen und Weiden an sonnigen, recht trockenen Stellen.

Schafgarbenkraut und -blüten werden in der Pflanzenheilkunde wegen ihrer entzündungshemmenden, krampflösenden Wirkung sehr geschätzt. Und so gibt es nicht nur zierende Sorten, sondern auch Züchtungen wie 'Proa', die besonders reich an ätherischen Ölen ist. Mit diesen ätherischen Ölen, Gerb- und Bitterstoffen sowie organischen Säuren liefern Schafgarben auch hervorragende Grundstoffe für pflanzenstärkende Auszüge.

SCHAFGARBEN-KALTWASSERAUSZUG

Zubereitung Die Blütenstände zunächst an einem schattigen, warmen Platz trocknen. Auf 1 Liter Wasser kommen 20 g getrocknete Blüten. Diese 24 Stunden im Wasser einweichen. Dann abseihen, auspressen und zur Anwendung 1 : 10 verdünnen.

Anwendung

— Bei allen Gartenpflanzen zum Vorbeugen gegen Pilzkrankheiten. Alle 2 bis 3 Wochen spritzen, bei feuchtwarmem Wetter auch häufiger.

— Lässt sich wegen der langen Blütezeit auch gut zum Vorbeugen gegen Echten Mehltau einsetzen, der oft erst im Spätsommer erscheint.

— Zum Eindämmen von saugenden Schädlingen und Gemüsefliegen.

PFLANZENSTECKBRIEF

Botanischer Name *Achillea millefolium*
Familie Korbblütengewächse
Wuchs Ausdauerndes Kraut, 40–90 cm hoch; ausläuferbildend. Straff aufrechte Stängel mit fein gefiederten, graugrünen Blättern. Von Juni bis August/September weiße bis rosafarbene, doldenähnliche Blütenstände.
Standort Sonnig. Durchlässiger, humoser, nährstoffreicher, trockener bis frischer Boden.
Anbau Am besten im Frühjahr pflanzen, mit 40 cm Abstand. Auch Anzucht oder Direktsaat im Frühjahr oder Spätsommer möglich; Lichtkeimer. Kann durch Teilung vermehrt werden.
Pflege Bei anhaltender Trockenheit gießen. Im Herbst zurückschneiden, falls nicht schon vorher stark für die Auszüge „geerntet" wurde. Im Frühjahr Kompost geben.
Sammelgut Blütenstände, während der gesamten Blütezeit. Auch das Schafgarbenkraut kann verwendet werden, enthält die Inhaltsstoffe aber in geringerer Konzentration.

Die eingeweichten Blüten werden abgeseiht.

Seifenkrautblüten verströmen gegen Abend einen nelkenähnlichen Duft, der Falter anlockt.

SEIFENKRAUT

Das Gewöhnliche Seifenkraut findet man in der Natur vor allem an frischen, recht nährstoffreichen Standorten; etwa an Flussufern und Wegrändern, auf Kiesbänken und Dämmen sowie auf Schutthalden. Die hübsch blühende Wildstaude wird auch als Gartenpflanze angeboten und passt z. B. gut in sonnige Randstreifen von Gehölzgruppen. Sie kann sich allerdings über Samen und Rhizome mit der Zeit stark ausbreiten. Somit kann das „Beernten" für Pflanzenauszüge auch beim Eindämmen nützlich sein.

Der Name „Seifenkraut" weist darauf hin, dass man früher zerkleinerte, eingeweichte Pflanzenteile zum Waschen verwendete. Dabei halfen wichtige, schaumbildende Inhaltsstoffe, nämlich die Saponine. Diese sind in hoher Konzentration auch in der asiatischen Waschnuss enthalten. Die Pflanzen schützen sich mit den Saponinen wirksam gegen verschiedene Pilzkrankheiten, Schnecken und andere Schädlinge. Wer sie gezielt in Auszügen einsetzen möchte, kann neben dem Seifenkraut z. B. auch Birken- und Efeublätter sowie die Früchte der Rosskastanie nutzen. Doch Vorsicht: Saponine sind giftig für Fische sowie für Haustiere, die an Pflanzen knabbern. Auch kleine Kinder, die solche Gewächse versuchsweise „naschen", können unter starken Beschwerden leiden.

SEIFENKRAUT-KALTWASSER-AUSZUG

Zubereitung 100 g frisches Kraut und/oder zerkleinerte Rhizome und Wurzeln in 1 Liter Wasser geben. Zugedeckt 12 bis 24 Stunden ziehen lassen. Dann abseihen, auspressen und 1 : 5 mit Wasser verdünnen.

Anwendung

— Gegen Blattläuse und andere saugende Insekten bei ersten Befallsanzeichen auf die Pflanzen spritzen. Wenn nötig, alle 2 bis 3 Tage wiederholen.

— Zur Vorbeugung gegen Apfelschorf ab dem Austrieb alle 1 bis 2 Wochen auf die Blätter spritzen. Ebenso zum Stärken

gegen andere Pilzkrankheiten an Obst, Gemüse und Zierpflanzen, z. B. gegen Mehltau und Rostpilze.

SEIFENKRAUT-JAUCHE

Zubereitung 1 kg frisches Kraut und/oder zerkleinerte Rhizome und Wurzeln je 10 l Wasser ansetzen. 8 bis 16 Tage gären lassen, täglich umrühren. Wenn die Jauche nicht mehr schäumt, abseihen und je nach Verwendung verdünnen.

Anwendung

— Gegen Blattläuse und andere saugende Insekten sowie zum Vorbeugen gegen Pilzkrankheiten 1 : 10 verdünnt spritzen.

— Gegen Schnecken unverdünnt auf den Boden gießen. Gefährdete Pflanzen zusätzlich mit 1 : 10 verdünnter Lösung spritzen.

Für Auszüge eignen sich Kraut und Wurzeln.

Die zartrosa Blüten öffnen sich ab Juli.

THYMIAN

Der Echte Thymian gehört neben dem Oregano (Dost) zu den kälteverträglichsten „Süd-Kräutern". Der genügsame Halbstrauch gedeiht gern im sonnigen Steingarten oder auf einer Trockenmauer und bildet dort ab Frühsommer hübsche hellviolette Blütenpolster.

Als pikante Würze macht der Thymian viele Speisen bekömmlicher. Als Heilpflanze wird er vor allem gegen Atemwegserkrankungen eingesetzt. Sein ätherisches Öl wirkt krampflösend, desinfizierend und antibakteriell. Dem ist man auch in der Gartenbauwissenschaft auf der Spur: In Versuchen wurde festgestellt, dass die Thymian-Wirkstoffe Bakterienkrankheiten an Obst und Gemüse eindämmen können. Das ist allerdings noch nicht ganz „praxisreif". Im Garten baut man vor allem auf die schädlingsvertreibende Wirkung; sowohl beim Pflanzen von Thymian in Mischkulturen als auch beim Spritzen von Tees. Dafür lässt sich auch der noch robustere Sand- oder Feldthymian *(Thymus serpyllum)* einsetzen.

THYMIAN-TEE

Zubereitung Auf 1 Liter Wasser kommen 100 g frisches Kraut. Dieses mit dem kochenden Wasser übergießen; 10 bis 15 Minuten abgedeckt ziehen lassen. Nach dem Abkühlen abseihen und 1 : 3 verdünnt ausbringen.

Anwendung
— Gegen Erdraupen (von Eulenfaltern), Schnecken sowie Ameisennester wiederholt auf den Boden gießen.
— Gegen Blattläuse und Kohlweißlinge mehrmals in kurzen Abständen spritzen.

Thymian fühlt sich im warmen, sonnigen Steingarten wohl.

PFLANZENSTECKBRIEF

Botanischer Name *Thymus vulgaris*
Familie Lippenblütengewächse
Merkmale Halbstrauch, 10–40 cm hoch, polsterartiger Wuchs, schmale Blättchen, wintergrün. Von Ende Mai bis September / Oktober rosa bis violette, duftende Blütchen in Scheinquirlen.
Standort Sonnig. Gut durchlässiger, eher nährstoffarmer, gern sandig lehmiger Boden.
Anbau Pflanzung bevorzugt im Frühjahr, mit 20–30 cm Abstand. Vermehrung durch Teilung oder Aussaat (Lichtkeimer).
Pflege Gelegentlich etwas Kompost geben. Ältere Pflanzen nach der Hauptblüte oder im Frühjahr zurückschneiden. In rauen Lagen über Winter mit Nadelholzreisig abdecken. Alle 3 bis 4 Jahre durch Teilung verjüngen.
Sammelgut Ganze Triebe, am besten ab Blühbeginn, da der Wirkstoffgehalt während der Blütezeit am höchsten ist.

01

TOMATE

Tomaten zählen zweifellos zu den beliebtesten Gemüsearten, was sich auch im sehr vielfältigen Sortenangebot widerspiegelt. Das reicht von den kleinen, oft süßlichen Cocktailtomaten bis zu den üppigen, deftigen Fleischtomaten; und von kompakt wachsenden Buschtomaten über mannsgroße Stabtomaten bis zu mehrere Meter hohen Klettertomaten.

Leider trübt die Kraut- und Braunfäule häufig das Erntevergnügen. Vorbeugend können z. B. Knoblauch-, Zwiebel- und Schachtelhalmauszüge helfen. Noch besser schützt eine Folien-

PFLANZENSTECKBRIEF

Botanischer Name *Lycopersicon esculentum*
Familie Nachtschattengewächse
Merkmale Einjähriges Gemüse, je nach Sorte
30 – 200 cm hoch, Klettertomaten teils über 5 m;
grob gefiederte, leicht klebrige Blätter. Ab Mai sternförmige bis glockige, gelbe Blüten in Trauben; rot,
orange, gelb oder mehrfarbig reifende Früchte.
Standort Sonnig, möglichst warm. Humoser, nährstoffreicher, gut durchlässiger Boden.
Anbau Ab Ende Februar drinnen vorziehen; ab Mitte
Mai auspflanzen, je nach Wuchsform mit 40 – 80 cm
Abstand. Hoch wachsende Sorten gleich mit Stützstab versehen und nach und nach aufbinden.
Pflege Zum Pflanzen gut mit Kompost versorgen,
dann alle 2 bis 3 Wochen mit kalireichem Dünger.
Gleichmäßig feucht halten. Mulchen sehr vorteilhaft.
Bei hohen Tomaten immer wieder Geiztriebe aus den
Blattachseln entfernen.
Sammelgut Ausgebrochene Geiztriebe und ab Juni
Blätter, vorzugsweise von der Stängelbasis.

02

überdachung, da sich diese Pilzkrankheit vor allem bei nassem Wetter ausbreitet. Daneben können mehrere andere Krankheiten auftreten. Tierische Plagegeister dagegen richten selten großen Schaden an. Das liegt zu einem guten Teil am strengen, abweisenden Geruch der gerbstoffreichen Blätter und Stängel sowie am leicht giftigen Solanin, das in allen grünen Pflanzenteilen enthalten ist. Dies macht man sich auch bei den Pflanzenauszügen zunutze. Da man bei den hochwüchsigen Tomaten die aus den Blattachseln wachsenden Geiztriebe ausbrechen bzw. abschneiden sollte, liefern diese regelmäßig Nachschub für entsprechende Zubereitungen.

TOMATENKRAUT-KALTWASSER-AUSZUG

Zubereitung Auf 1 Liter Wasser kommt eine Handvoll frische Blätter und ausgebrochene Geiztriebe. Diese 2 bis 3 Stunden einweichen. Dann abseihen, auspressen und unverdünnt verwenden.

Anwendung

— Bei allen Gartenpflanzen, besonders Gemüse, zum Übersprühen, um die Widerstandskräfte zu stärken. Beim Kohl gegen Kohlweißlinge; bei Kohl, Rettich und Radieschen gegen Erdflöhe.

TOMATENKRAUT-JAUCHE

Zubereitung 1 kg Blätter und Geiztriebe je 10 l Wasser ansetzen. 10 bis 20 Tage gären lassen. Wenn die Jauche nicht mehr schäumt, abseihen und 1 : 5 verdünnen.

Anwendung

— Wie beim Kaltwasserauszug, aber nur bei Pflanzen mit entsprechendem Nährstoffbedarf, also gut angewachsenen Starkzehrer-Gemüsen, Prachtstauden und großen Sommerblumen. Hat zusätzlich eine düngende Wirkung.

03

04

01 *Im Herbst noch grün geerntete Tomaten kann man drinnen nachreifen lassen. Für die Jauchezubereitung benötigen wir die Blätter.*

02 *Die Geiztriebe in den Blattachseln sollte man ausbrechen. Auch sie eignen sich gut für Auszüge.*

03 *Rustikale Überdachung: Das schützt vor Nässe und damit vor der Kraut- und Braunfäule.*

04 *Hohe Tomaten erhalten gleich beim Pflanzen einen Stützstab.*

Der buschig wachsende Wermut ist mit seinen gelben Blütchen und den graugrünen Blättern eine markante Erscheinung.

WERMUT

In manchen Regionen stößt man auf wild wachsenden Wermut, etwa an trockenen Wegrändern, an Weinbergmäuerchen, auf sandigen Freiflächen und in felsigem Gelände. Beim Sammeln in der Landschaft kann man ihn allerdings leicht mit dem häufiger vorkommenden Beifuß verwechseln. So lohnt es sich, den ansehnlichen Halbstrauch im Garten zu pflanzen – und ihn in kleinen Mengen als verdauungsfördernde Würze für deftige Speisen zu verwenden.

Die Bitterstoffe im Wermut bewahren einen normalerweise schon vor übertriebenem Gebrauch. Der eigentliche „Wermutstropfen" ist allerdings der beachtliche Gehalt an Thujon im ätherischen Öl. Wegen dieses in hoher Dosis giftigen Stoffes ist es nicht ratsam, aus Wermut selbst Absinthschnaps herzustellen. Nachdem es früher öfter zu Gesundheitsschäden kam, wird handelsüblicher Absinth heute streng auf seinen Thujongehalt kontrolliert. Thujon und Bitterstoffe machen Wermut aber auch zu einer wertvollen Pflanze für schädlingsabwehrende Auszüge. Man sollte allerdings etwas vorsichtig damit umgehen.

WERMUT-TEE

Zubereitung Auf 1 Liter Wasser kommen 30 g frisches oder 3 g getrocknetes Kraut. Dieses mit dem kochenden Wasser übergießen; 15 bis 20 Minuten abgedeckt ziehen lassen. Nach dem Abkühlen abseihen und je nach Verwendung verdünnen.

Anwendung
— Gegen Blattläuse, Kohlweißlinge und Erdflöhe unverdünnt spritzen.
— Gegen Apfelwickler im Sommer 1 : 3 verdünnt spritzen.
— Für Herbst- und Frühjahrsspritzungen gegen Erdbeer- und Brombeermilben 1 : 2 verdünnen.

PFLANZENSTECKBRIEF

Botanischer Name *Artemisia absinthium*
Familie Korbblütengewächse
Merkmale Buschiger Halbstrauch, 60–150 cm
hoch; fein gefiederte, silbrig graue, würzig duftende
Blätter. Von Juni bis September kleine gelbe Blüten in
lockeren Rispen.
Standort Sonnig. Durchlässiger, sandiger, möglichst
kalkhaltiger Boden.
Anbau Pflanzung im Frühjahr oder Herbst; mindes-
tens 100 cm entfernt von Nachbarpflanzen, da
Wermut wachstumshemmende Wurzelsekrete aus-
scheidet. Vermehrung durch Teilung, Triebstecklinge
oder Aussaat.
Pflege In kalten Wintern mit Nadelholzreisig oder
Laub abdecken. Im Frühjahr zurückschneiden.
Sammelgut Blühendes Kraut ab Juni.

WERMUT-BRÜHE

Zubereitung Auf 10 l Wasser 300 g frisches
oder 30 g getrocknetes Kraut geben. Dieses
24 Stunden einweichen. Dann aufkochen und
rund 30 Minuten simmern lassen. Abseihen,
abkühlen lassen und je nach Verwendung verdünnen.

Anwendung

— Wie Wermut-Tee. Kann unverdünnt auch
gegen Bohnenfliegen gespritzt werden.

WERMUT-JAUCHE

Zubereitung Auf 10 l Wasser 300 g frisches
oder 30 g getrocknetes Kraut geben. 10 bis
20 Tage gären lassen. Nach der Gärung abseihen und unverdünnt ausbringen.

Anwendung

— Gegen Blattläuse, Schmetterlingsraupen
sowie Säulenrost an Johannisbeeren spritzen; gegen Ameisen ausgießen.

Das aromatische Wermutkraut „hat es in sich".

ZWIEBEL

Die Speisezwiebel ist uns im Küchenalltag so vertraut, dass wir selten an ihren außerordentlichen Gesundheitswert denken. Mit ihrer ausgewogenen Kombination aus desinfizierenden, antibiotisch wirkenden Schwefelverbindungen, Flavonoiden, Vitaminen und Mineralstoffen übertrifft sie sogar noch die nähere Verwandtschaft wie Knoblauch und Lauch.

Und ebenso wie Knoblauch kann die Zwiebel, in Auszügen genutzt, andere Pflanzen vor Pilz- und teils auch Bakterienkrankheiten bewahren. Grundsätzlich kann man davon ausgehen, dass Zwiebel-Tee und -Jauche besonders positiv auf Pflanzen wirken, die erfahrungsgemäß auch gut in Mischkultur mit

Zwiebeln gedeihen: Das sind vor allem Möhren, Erdbeeren, Kopfsalat, Rote Bete, Gurken und Zucchini.

ZWIEBEL-TEE

Zubereitung Auf 10 l Wasser kommen 75 g zerkleinerte Zwiebeln und Röhrenblätter; auch Zwiebelschalen können beigemischt werden. Alles mit dem kochenden Wasser übergießen; 15 bis 20 Minuten abgedeckt ziehen lassen. Nach dem Abkühlen abseihen und unverdünnt ausbringen.

Anwendung

— Bei allen Gartenpflanzen vorbeugend gegen Pilzkrankheiten. Erfahrungsgemäß stärker gefährdete Pflanzen im Wochenabstand übersprühen.

ZWIEBEL-JAUCHE

Zubereitung Auf 10 l Wasser 500 g zerkleinerte Zwiebeln, Röhrenblätter und Schalen geben. Sie können auch eine Mischjauche mit Knoblauch, Schnittlauch sowie Ackerschach-

01

02

telhalm ansetzen. Recht viel Gesteinsmehl zur Geruchsminderung dazugeben. 10 bis 20 Tage gären lassen. Wenn die Jauche nicht mehr schäumt, abseihen und 1 : 10 verdünnen.

Anwendung

— Bei allen Gartenpflanzen vorbeugend gegen Pilz- und Bakterienkrankheiten; auf den Boden gießen oder über die Pflanzen sprühen.

— Möhren bis zu zweimal pro Woche übersprühen, um Möhrenfliegen vorzubeugen und einen Anfangsbefall einzudämmen.

01 *Röhrenblätter der Zwiebel helfen gegen Pilzkrankheiten.*

02 *Auch die Schalen sind verwendbar.*

03 *Für die Teeherstellung alle Zwiebeln und Schalen gut zerkleinern.*

04 *Bewährte Mischkultur: Zwiebeln und Möhren*

PFLANZENSTECKBRIEF

Botanischer Name *Allium cepa*
Familie Zwiebelgewächse
Merkmale Einjährig kultiviertes Gemüse; bis 50 cm hohe Röhrenblätter. Unter der Erde je eine braun-, rotschalige oder weiße Zwiebel. Die Größe reicht von klein geernteten Frühlingszwiebeln bis zu großen Gemüsezwiebeln. Schalotten sind vielblättrig, mit jeweils mehreren Zwiebeln in Büscheln.
Standort Sonnig. Durchlässiger, tiefgründig gelockerter, humoser Boden.
Anbau Steckzwiebeln ab Mitte März pflanzen, Wintersteckzwiebeln im Herbst; mit 25–30 cm Reihenabstand und 5–10 cm Abstand in der Reihe. Saatzwiebeln für Sommer- und Herbsternte zwischen Ende Februar und April säen, Winterzwiebeln im August.
Pflege Kompost einige Zeit vor dem Pflanzen und Säen ausbringen. Bei längerer Trockenheit gießen. 3 bis 4 Wochen vor der Ernte eher trocken halten.
Sammelgut Blätter ab Mai sowie Zwiebeln samt Schalen ab Sommer.

03 04

PRÄPARATE AUS DEM FACHHANDEL

Nicht jeder hat die Möglichkeit, Pflanzenauszüge gegen Schaderreger selbst herzustellen. Bei der Vielzahl an Plagegeistern braucht man in „kritischen" Zeiten schließlich auch mehr als nur ein oder zwei Brühen und Tees. Zudem wirken die selbst gemachten Pflanzenauszüge vor allem vorbeugend. Bei akutem Schädlings- und Pilzbefall muss man sie oft täglich einsetzen – und selbst dann wirken sie nicht immer ausreichend.

So kann es sinnvoll sein, zusätzlich oder ersatzweise das Angebot des Fachhandels zu nutzen. Nach schlimmen Umwelt- und Gesundheitssünden in der Vergangenheit ist mittlerweile das Angebot für Hobbygärtner stark reglementiert. Hochgiftige oder stark umweltschädigende Mittel sind – bis auf sehr wenige Ausnahmen – kaum noch im Angebot. Stattdessen gehört heute eine ganze Reihe von Naturstoffpräparaten zum Sortiment, etwa aus Rapsöl oder Kaliseife. Grundsätzlich unterscheiden die Zulassungsbehörden deutlich zwischen Pflanzenstärkungs- und -schutzmitteln.

Regel auch im professionellen Bioanbau verwendet.

Im Garten allerdings kann man auch mal eine geringere Ernte verkraften. Und die Zierpflanzen müssen nicht immer so makellos

01

PFLANZENSCHUTZMITTEL AUS NATURSTOFFEN

Naturstoffmittel werden aus Pflanzenextrakten, Ölen, mineralischen Substanzen, organischen Säuren, nützlichen Mikroorganismen und ähnlichen Grundstoffen hergestellt. Sie bauen sich meist recht schnell und ohne schädliche Rückstände ab. Für Hobbygärtner zugelassene Naturstoffmittel werden in der

02

01 *Drahtgitterkorb als Wühlmausbarriere*

02 *Schneckenkragen schützen Jungpflanzen.*

03 *Insektenschutznetze sperren Schädlinge wie Gemüsefliegen aus.*

04 *Rapssamenöl ist ein Naturstoffmittel.*

03

erscheinen wie am Verkaufsstand. Manchmal erledigt sich das Problem schon, wenn man befallene Blätter entfernt und Plagegeister abliest oder mit kräftigem Wasserstrahl abspritzt. Barrieren, z. B. Schneckenzäune und Schutznetze, sowie Fallen, etwa für Wühlmäuse, helfen teils besser als jedes Spritz- und

04

STÄRKUNGS- UND PFLANZEN-SCHUTZMITTEL

Pflanzenstärkungsmittel dienen dem Vorbeugen und der allgemeinen Gesunderhaltung der Pflanzen. In Deutschland nimmt das Bundesamt für Verbraucherschutz und Lebensmittelsicherheit (BVL) entsprechende Mittel in eine Liste auf – sofern bisher keine schädlichen Nebenwirkungen auf Mensch und Umwelt festgestellt wurden. Viele dieser Stärkungsmittel sind Fertigpräparate aus Pflanzen, die wir auch für selbst hergestellte Auszüge verwenden: etwa Schachtelhalm, Beinwell, Rainfarn. Andere enthalten z. B. Algenextrakte, Huminsäuren, ätherische Öle oder auch nützliche Pilze und Bakterien.
Wenn aber solche Mittel „zu gut" wirken und eindeutige Bekämpfungseffekte zeigen, gelten sie als Pflanzenschutzmittel. In diesem Fall müssen die Hersteller eine Zulassung beantragen – mit umfangreicher Prüfung auf Wirksamkeit, auf Risiken für die menschliche Gesundheit, auf Gefahren für Bienen, Nützlinge sowie das Leben in Gewässern. Diese Mittel werden nur für ganz bestimmte Pflanzen zugelassen und dürfen nur durch Personal mit Sachkundenachweis verkauft werden.

01

02

Gießmittel. Kommen dazu noch selbst herge-stellte Pflanzenauszüge zum Einsatz, ist man schon gut gewappnet.

Pflanzenschutzmittel, auch solche aus Natur-stoffen, sollte man zurückhaltend einsetzen – und bedenklichere Wirkstoffe wie Pyrethrine

BIOLOGISCHER PFLANZENSCHUTZ

In der Fachsprache ist mit biologischem Pflanzen-schutz gemeint, dass Lebewesen gezielt zum Bekämp-fen von Schaderregern eingesetzt werden. So bei-spielsweise Florfliegen gegen Blattläuse oder Raubmil-ben gegen Spinnmilben und Thripse. Das ist auch im Hobbygarten möglich, besonders gut im Gewächs-haus. Solche Nützlinge können Sie über den Garten-fachhandel oder spezielle Versender bestellen.

Zum biologischen Pflanzenschutz gehören zudem Bakterien wie Bacillus-thuringiensis-Präparate gegen Raupen sowie nützliche Nematoden. Nematoden-Präparate gibt es zum Ausgießen gegen Boden-schädlinge, z. B. Ackerschnecken, Engerlinge und Dickmaulrüsslerlarven.

höchstens bei starkem Befall. Bei allen Mit-teln sind genau die Anwendungsempfehlun-gen, Warnungen und Schutzhinweise in den Beipackzetteln zu beachten. Nach dem Sprit-zen von Gemüse und Obst ist teils eine War-tezeit nötig, bis man das Erntegut unbedenk-lich essen kann. Und ganz wichtig: Die Pflanzenschutzmittel sollten stets unzugäng-lich für Kinder aufbewahrt werden!

NATÜRLICHE WIRKSTOFFE

Mittel mit **Fettsäuren** und **Kaliumsalzen** (Kaliseife) sowie **Rapsöl** helfen gegen Blatt-läuse und andere saugende Insekten und gegen Spinnmilben. Sie sind für Menschen ungefährlich, schonen Bienen und beein-trächtigen kaum die wichtigen Nützlinge. Ähnliches gilt für **Bacillus-thuringiensis**-Prä-parate gegen Schmetterlingsraupen (z. B. Kohlweißling), **Granulovirus** gegen Apfel-wickler und **Eisen-III-Phosphat** gegen Nackt- und Schnirkelschnecken.

01 *Die nützliche Florfliegen-larve frisst Blattläuse.*

02 *Achten Sie genau auf die angegebene Dosierung.*

03 *Schutzkleidung ist stets ratsam.*

Neem (Azadirachtin) wird aus den Samen des tropischen Neembaums gewonnen. Es zeigt gute Wirkung gegen verschiedene Schädlinge an Gemüse und Zierpflanzen. Für Obst ist es allerdings derzeit im Hausgarten nicht zugelassen. Dies vielleicht auch, weil Neem nicht mehr ganz so harmlos eingestuft wird wie früher: Es kann Marienkäfer, Florfliegen und weitere Nützlinge schädigen, zudem Fische und Fischnährtiere.

Pyrethrine sind in ihrer Naturform Extrakte aus Chrysanthemen. Sie wirken gegen viele saugende Schädlinge, auch an Kernobst, und gegen Kartoffelkäfer. Sie sind aber ebenso giftig für Wassertiere wie Neem und schädigen Nützlinge noch stärker.

Paraffinöle dienen als Austriebs-Spritzmittel gegen Spinnmilben an Obst sowie gegen Milben und Läuse an Zierpflanzen. Sie können allerdings Raubmilben, Erzwespen und Wassertiere stark beeinträchtigen und teils auch Marienkäfern und Florfliegen schaden.

Spinosad wird aus Bakterien gewonnen und lässt sich gegen Kartoffelkäfer, Thripse, Raupen und Dickmaulrüssler einsetzen. Mit zwei großen Nachteilen: Es ist gefährlich für Bienen und sehr giftig für Wasserorganismen. Gegen Pilzkrankheiten stehen nur die Mineralstoffe Schwefel und Kupfer zur Verfügung, die beim Ausbringen unbedingt Schutzkleidung erfordern. **Schwefel** ist eigentlich ein altbewährtes Mittel gegen Mehltau an Nutz- und Zierpflanzen, kann aber Schlupfwespen und Raubmilben schädigen.

Kupfer-Mittel gibt es z. B. gegen Krautfäule an Tomate und Kartoffel und Kragenfäule an Obst. Doch auf Kupfer sollte man besser ganz verzichten: Die Mittel schädigen Regenwürmer, andere Nützlinge sowie Wasserorganismen und können sich im Boden anreichern. Sogenannten Unkräutern rückt man am besten mit Jäten, Hacken und Mulchen zu Leibe. Aber wo sich Wildwuchs schwer eindämmen lässt, kann man notfalls Mittel mit **Pelargon-, Essig-** oder **Fettsäuren** einsetzen. Sie wirken auch gegen Moose im Rasen. Da solche Natursäuren Augen und Haut reizen können, sind Schutzkleidung und -brille nötig.

WAS HILFT GEGEN WAS

☞ PFLANZEN VON A BIS Z

PFLANZEN	PFLANZENAUSZÜGE	ANWENDUNG	SEITE
Baldrian	Baldrianblüten-Extrakt	– Obst und Fruchtgemüse: Unterstützung von Blüten- und Fruchtbildung – Frostschutz – Förderung Samenkeimung und Sämlingswachstum	72/73
	Baldrainblüten-Tee	– Förderung der Blüten- und Fruchtbildung	72/73
Basilikum	Basilikum-Tee	– Blattläuse, Spinnmilben, Weiße Fliege	74
Beinwell	Beinwellkraut-Jauche	– Dünger für Starkzehrer-Gemüse, Sommerblumen, Obstgehölze	75
Brennnessel	Brennnessel-Jauche	– Düngung – Kräftigung schädlingbefallener Pflanzen	76/77
	Gärende Brennnessel-Jauche	– Blattläuse, Spinnmilben – Überwinternde Schädlinge an Obstgehölzen	76/77
Eberraute	Eberrauten-Tee	– Blattläuse und andere Schädlinge	78
Farne	Farnkraut-Jauche	– Blattläuse, Schnecken, Schild- und Blutläuse – Rostpilze	80/81
	Farnkraut-Brühe	– Rostpilze, Blattläuse, Schnecken, Schild- und Blutläuse	80/81
	Farnkraut-Extrakt	– Blutlaus- und Schildlausnester – Blut- und Schildläuse, Blattläuse	80/81
Giersch	Giersch-Jauche	– Düngung, besonders für Starkzehrer-Gemüse	82/83
Holunder	Holunderblätter-Jauche	– Ameisennester, Wühlmäuse und Erdraupen – Vorbeugend: Kohlweißlingsraupen und andere Schadraupen	84/85
Kamille	Kamillenblüten-Tee	– Beizung von Samen	85/86
	Kamillenblüten-Kaltwasser-auszug	– Stärkung der Widerstandskräfte, besonders gegen Wurzel-krankheiten	85/86
Kapuziner-kresse	Kapuzinerkresse-Tee	– Blut- und Schildläuse – Nachbehandlung und Desinfizierung von Krebsstellen an Obstbäumen – Blutlausnester	88/89
Knoblauch	Knoblauchzehen-Tee	– Schutz vor Bodenpilzen, Beizung von Samen – Spinnmilben, Erdbeermilben, Echter Mehltau, Grauschimmel, Krautfäule – Vorbeugend und Befall bei Pilz- und Bakterienkrankheiten	90/91
	Knoblauchzehen-Jauche	– Nacktschnecken – Vorbeugend: Pilz- und Bakterienkrankheiten, Möhrenfliege	90/91

Löwenzahn	Löwenzahn-Jauche	– Wachstumsförderung	92/93
	Löwenzahn-Tee	– Förderung der Fruchtqualität	92/93
Meerrettich	Meerrettich-Tee und -Brühe	– Monilia-Fruchtfäule an Stein- und Kernobst, Blüten-Monilia an Steinobstbäumen, Monilia-Spitzendürre an Sauerkirschen	94/95
Rainfarn	Rainfarn-Tee, -Brühe und -Jauche	– Blattläuse, Frostspanner, Gemüsefliege, Erdbeer- und Brombeermilben, Apfelwickler, Erdbeerblütenstecher, Wurzelläuse – Falscher und Echter Mehltau, Rostpilze	96/97
Rhabarber	Rhabarberblätter-Brühe	– Blattläuse, Spinnmilben, Schwarze Bohnenläuse, Lauchmotten, Schmetterlingsraupen, Pilzkrankheiten	98/99
	Rhabarberblätter-Jauche	– Blattläuse, Schmetterlingsraupen, Schnecken	98/99
	Rhabarberblätter-Tee	– Lauchmotten – Vorbeugend: Krautfäule – Stärkung der Widerstandskräfte	98/99
Ringelblume	Ringelblumen-Jauche	– Stärkung der Widerstandskräfte	100
Salbei	Salbei-Tee	– Erdraupen, Gemüsefliegen, Kohlweißlinge	101
Schachtelhalm	Schachtelhalm-Brühe und -Kaltwasserauszug	– Echter und Falscher Mehltau, Rostpilze, Blattfleckenkrankheiten, Kraut- und Braunfäule, Schorf und Monilia an Obstbäumen, Kräuselkrankheit beim Pfirsich, Sternrußtau an Rosen	102/103
	Schachtelhalm-Jauche	– Blattläuse, Spinnmilben, Lauchmotten und andere Schädlinge – Vorbeugend: Pilzkrankheiten	102/103
	Schachtelhalm-Tee	– Vorbeugend: Pilzkrankheiten, Beizung von Samen	102/103
Schafgarbe	Schafgarben-Kaltwasserauszug	– Vorbeugend: Pilzkrankheiten und Echter Mehltau – Eindämmung saugender Schädlinge	104
Seifenkraut	Seifenkraut-Kaltwasserauszug	– Blattläuse und andere saugende Insekten – Vorbeugend: Apfelschorf – Stärkung gegen andere Pilzkrankheiten	105/106
	Seifenkraut-Jauche	– Blattläuse und andere saugende Insekten, Schnecken – Vorbeugend: Pilzkrankheiten	105/106
Thymian	Thymian-Tee	– Erdraupen (von Eulenfaltern), Schnecken, Blattläuse, Kohlweißlinge, Ameisennester	107
Tomate	Tomatenkraut-Kaltwasserauszug	– Stärkung der Widerstanskräfte bei allen Gartenpflanzen – Bei Kohl: Kohlweißling – Bei Rettich und Radieschen: Erdflöhe	108/109
	Tomatenkraut-Jauche	– Wie Kaltwasserauszug	108/109
Wermut	Wermut-Tee	– Blattläuse, Kohlweißling, Erdflöhe, Erdbeer- und Brombeermilben, Apfelwickler	110/111
	Wermut-Brühe	– Bohnenfliege, Rest wie Wermut-Tee	110/111
	Wermut-Jauche	– Blattläuse, Schmetterlingsraupen, Ameisen – Säulenrost bei Johannisbeere	110/111
Zwiebel	Zwiebel-Tee	– Vorbeugend: Pilzkrankheiten	112/113
	Zwiebel-Jauche	– Vorbeugend: Möhrenfliege, Pilz- und Bakterienkrankheiten	112/113

☞ SCHÄDLINGE VON A BIS Z

SCHÄDLINGE	PFLANZENAUSZÜGE	SEITE
Ameisen	Wermut-Jauche	110/111
Ameisennester	Holunderblätter-Jauche	84/85
	Thymian-Tee	107
Apfelwickler	Rainfarn-Tee, -Brühe und -Jauche	96/97
	Wermut-Tee	110/111
Blattläuse	Basilikum-Tee	74
	Brennnessel-Jauche	76/77
	Eberrauten-Tee	78
	Farnkraut-Jauche, -Brühe, -Extrakt	80/81
	Rainfarn-Tee, -Brühe, -Jauche	96/97
	Rhabarberblätter-Brühe, -Jauche	98/99
	Schachtelhalm-Jauche	102/103
	Seifenkraut-Kaltwasserauszug, -Jauche	105/106
	Thymian-Tee	107
	Wermut-Tee, Jauche	110/111
Blutläuse	Farnkraut-Jauche, -Brühe, -Extrakt	80/81
	Kapuzinerkresse-Tee	88/89
Bohnenfliege	Wermut-Brühe	110/111
Brombeermilben	Rainfarn-Tee, -Brühe und -Jauche	96/97
	Wermut-Tee	110/111
Erdbeermilben	Knoblauchzehen-Tee	90/91
	Rainfarn-Tee, -Brühe und -Jauche	96/97
	Wermut-Tee	110/111
Erdflöhe	Wermut-Tee	110/111
Erdraupen	Holunderblätter-Jauche	84/85
	Salbei-Tee	101
	Thymian-Tee	107
	Tomatenkraut-Kaltwasserauszug	108/109
Frostspanner	Rainfarn-Tee	96/97
Gemüsefliege	Rainfarn-Tee, -Brühe und -Jauche	96/97
	Salbei-Tee	101
Kohlweißlingsraupe	Holunderblätter-Jauche	84/85
	Salbei-Tee	101
	Thymian-Tee	107
	Tomatenkraut-Kaltwasserauszug	108/109
	Wermut-Tee	110/111
Lauchmotte	Rainfarn-Tee, -Brühe und -Jauche	96/97
	Rhabarberblätter-Brühe, -Tee	98/99
	Schachtelhalm-Jauche	102/103
Möhrenfliege	Knoblauchzehen-Jauche	90/91
	Zwiebel-Jauche	112/113

Schildläuse	Farnkraut-Jauche, -Brühe, -Extrakt	80/81
	Kapuzinerkresse-Tee	88/89
Schmetterlingsraupen	Rhabarberblätter-Brühe, -Jauche	98/99
	Wermut-Jauche	110/111
Schnecken	Farnkraut-Brühe, -Jauche	80/81
	Knoblauchzehen-Jauche	90/91
	Rhabarberblätter-Jauche	98/99
	Seifenkraut-Jauche	105/106
Schwarze Bohnenläuse	Rhabarberblätter-Brühe, -Jauche	98/99
Spinnmilben	Basilikum-Tee	74
	Brennnessel-Jauche	76/77
	Knoblauchzehen-Tee	90/91
	Rainfarn-Tee	96/97
	Rhabarberblätter-Brühe, -Jauche	98/99
	Schachtelhalm-Jauche	102/103
Weiße Fliege	Basilikum-Tee	74
Wurzelläuse	Rainfarn-Tee, -Brühe und -Jauche	96/97

☞ KRANKHEITEN VON A BIS Z

SCHÄDLINGE	PFLANZENAUSZÜGE	SEITE
Apfelschorf	Seifenkraut-Kaltwasserauszug	105/106
Bakterienkrankheiten	Knoblauchzehen-Tee, -Jauche	90/91
	Zwiebel-Jauche	112/113
Blattfleckenkrankheiten	Schachtelhalm-Brühe, -Kaltwasserauszug	102/103
Echter Mehltau	Knoblauchzehen-Tee	90/91
	Rainfarn-Tee, -Brühe und -Jauche	96/97
	Schachtelhalm-Brühe, -Kaltwasserauszug	102/103
	Schafgarben-Kaltwasserauszug	104
	Seifenkraut-Kaltwasserauszug, -Jauchen	105/106
Falscher Mehltau	Rainfarn-Tee, -Brühe, -Jauche	96/97
	Schafgarben-Kaltwasserauszug	104
	Seifenkraut-Kaltwasserauszug, -Jauchen	105/106
Grauschimmel	Knoblauchzehen-Tee	90/91
Kräuselkrankheit	Knoblauchzehen-Tee	90/91
	Schachtelhalm-Brühe, -Kaltwasserauszug	102/103
Braunfäule bei Tomaten	Schachtelhalm-Brühe, -Kaltwasserauszug	102/103
Krautfäule	Knoblauchzehen-Tee	90/91
	Rhabarberblätter-Tee	98/99
	Schachtelhalm-Brühe, -Kaltwasserauszug	102/103
Krebsstellen	Kapuzinerkresse-Tee	88/89
Monilia	Knoblauchzehen-Tee	90/91
	Meerrettich-Tee, -Brühe	94/95
	Schachtelhalm-Brühe, -Kaltwasserauszug	102/103
Pilzkrankheiten	Knoblauchzehen-Tee	90/91
	Rhabarber-Tee	98/99
	Schachtelhalm-Jauche, -Tee	102/103
	Schafgarben-Kaltwasserauszug	104
	Seifenkraut-Kaltwasserauszug, -Jauchen	105/106
	Zwiebel-Tee	112/113
Rostpilze	Farnkraut-Brühe	80/81
	Rainfarn-Tee, -Brühe, -Jauche	96/97
	Schachtelhalm-Brühe, -Kaltwasserauszug	102/103
	Seifenkraut-Kaltwasserauszug	105/106
Säulenrost	Wermut-Jauche	110/111
Schorf	Schachtelhalm-Brühe, -Kaltwasserauszug	102/103
Wurzelkrankheiten	Kamillenblüten-Kaltwasserauszug	85/86

NÜTZLICHE ADRESSEN

BODENUNTERSUCHUNGEN

Landwirtschaftliche Untersuchungs- und Forschungsanstalten (LUFAs), die Proben von Hobbygärtnern untersuchen, finden Sie im Internet unter diesem Link:
www.vdlufa.de/de/
(Menü: Links/LUFA)

Auch regionale Beratungsstellen für Obst- und Gartenbau, Gartenbauvereine sowie die Gartenakademien der Bundesländer können mit Adressen geeigneter Labors weiterhelfen:
www.gartenakademien.de/

Außerdem bieten manche Gärtnereien und Gartencenter Bodenuntersuchungen an, ebenso viele Raiffeisen-Märkte:
www.raiffeisen-markt.de/services/boden-analyse/

BIODÜNGER, BODENHILFSSTOFFE, PFLANZENSTÄRKUNGS- UND -SCHUTZMITTEL

PHYTOsolution
Werner Bannach
Querfurter Str. 9, 06632 Freyburg
Tel. 03 44 64/6 10 44
www.phytosolution.de
→ *auch Bodenanalysen, Komposthilfen, Boden-Mikroorganismen und weiteres Zubehör*

Bioland Hof Jeebel
Biogartenversand OHG
Jeebel 17, 29410 Salzwedel OT Jeebel
Tel. 03 90 37/7 81
www.biogartenversand.de
→ *auch Bodenanalysen, Biosaat und -pflanz-gut, Komposthilfen, Kompostwürmer, Nütz-linge und weiteres Zubehör*

W. Neudorff GmbH KG
An der Mühle 3, 31860 Emmerthal
Tel. 0 51 55/62 40
www.neudorff.de
→ *auch Komposthilfen, Kompostwürmer, Nützlinge und weiteres Zubehör*

F. Schacht GmbH & Co. KG
Bültenweg 48, 38106 Braunschweig
Tel. 05 31/2 38 03-0
www.neu.schacht.de
→ *auch Komposthilfen, getrocknete Kräuter für Pflanzenauszüge und weiteres Zubehör*

Keller GmbH & Co. KG
Konradstr. 17, 79100 Freiburg
Tel. 07 61/70 63 13
www.biokeller.de
→ *auch getrocknete Kräuter für Pflanzen-auszüge, Boden-Mikroorganismen und weiteres Zubehör*

Plamundo
inmalo GmbH
Junkersstr. 7, 93055 Regensburg
Tel. 09 41/46 18 99 69
www.plamundo.de
→ *auch weiteres Zubehör*

WURMKOMPOSTER, WURM-FARMEN, KOMPOSTWÜRMER

natursache.de
Inh.: Mirko Schlüter
Eichamtstr. 1, 14776 Brandenburg
Tel. 0 33 81/34 72 47
www.natursache.de

Wurmwelten.de
Inh.: Jasper Rimpau
Sinramstr. 8, 37586 Dassel
Tel. 0 55 62/3 81 08 60
www.wurmwelten.de

REGISTER

BILDNACHWEIS

IMPRESSUM

Umschlaggestaltung von Walter Typografie & Grafik GmbH, Würzburg unter Verwendung eines Farbfotos von Flora Press/BIOSPHOTO/NouN (Umschlagvorderseite; Ansatz einer Schachtelhalm-Brühe) und eines Farbfotos von GAP Photos/Heather Edwards (Umschlagrückseite; Bienenfreund).

Mit 182 Farbfotos.

Unser gesamtes Programm finden Sie unter **kosmos.de.**
Über Neuigkeiten informieren Sie regelmäßig unsere
Newsletter, einfach anmelden unter **kosmos.de/newsletter**

Gedruckt auf chlorfrei gebleichtem Papier

© 2017, Franckh-Kosmos Verlags-GmbH & Co. KG, Stuttgart.
Alle Rechte vorbehalten
ISBN 978-3-440-15444-1
Projektleitung: Birgit Grimm
Bildredaktion: Birgit Grimm
Gestaltungskonzept: Peter Schmidt Group GmbH, Hamburg
Gestaltung und Satz: Katrin Kleinschrot, Stuttgart
Produktion: Klaus Jost
Druck und Bindung: Print Consult GmbH, München
Printed in Slovakia / Imprimé en Slovaquie